投资于人

杜雨◎著

中国出版集团

中译出版社

图书在版编目（CIP）数据

投资于人 / 杜雨著 . -- 北京：中译出版社，2025.

7. -- ISBN 978-7-5001-8323-5

Ⅰ . F241

中国国家版本馆 CIP 数据核字第 2025X29S36 号

投资于人
TOUZI YU REN

著　　者：杜　雨
策划编辑：于　宇　田玉肖
责任编辑：田玉肖
出版发行：中译出版社
地　　址：北京市丰台区右外西路 2 号院中国国际出版交流中心 3 号楼 10 层
电　　话：（010）68002494（编辑部）
邮　　编：100069
电子邮箱：book@ctph.com.cn
网　　址：http://www.ctph.com.cn

印　　刷：固安华明印业有限公司
经　　销：新华书店
规　　格：710 mm × 1000 mm　1/16
印　　张：18.25
字　　数：203 千字
版　　次：2025 年 7 月第 1 版
印　　次：2025 年 7 月第 1 次印刷

ISBN 978-7-5001-8323-5　　　　　定价：79.00 元

中　译　出　版　社

AI 时代，为何特别强调"投资于人"

习近平总书记指出，**"现代化的本质是人的现代化"**。2025 年的《政府工作报告》首次将"投资于人"上升至国家战略，这一掷地有声的表述，犹如一声春雷，标志着中国发展逻辑的转向。"投资于人"是指推动更多资金资源"投资于人"、服务于民生，支持扩大就业、促进居民增收减负、加强消费激励，形成经济发展和民生改善的良性循环。当我们在基础设施领域创造了"基建狂魔"的奇迹后，决策者敏锐地捕捉到：真正支撑中国跨越"中等收入陷阱"的核心动能，在于 14 亿人口的智慧潜能。

一、从"钢筋混凝土"到"人脑算力"的价值重估

过去，经济增长很大程度上依赖于物质资源的投入，如同钢筋混凝土般扎实的基础设施建设，推动了工业化时代的蓬勃发展。然而，AI 时代来临，价值创造的核心要素正悄然转变。人工智能、大数据、云计算等前沿科技的崛起，使知识、技能与创造力等人力资本要素成为经济增长的终极源泉。

人力资本理论的奠基人西奥多·W. 舒尔茨（Thodore W. Schults）认为，人力资本的积累是社会经济增长的源泉。如今，以 DeepSeek 等国产 AI 模型为例，其技术突破不仅依赖算法优化，更源于顶尖人才对金融场景的深度解构与创新重构。这种"人效"驱动的增长模式，正在颠覆传统投资逻辑。教育投入的回报率不再局限于个人收入提升，而是通过知识溢出效应，形成全产业链的价值跃迁。我国研发人员总量已连续多年居全球首位，人才红利正从"人口数量"向"人口质量"转化。

在知识经济时代，"投资于人"的投资回报率正在全面超越"投资于物"。

二、破解"马尔萨斯陷阱"的中国智慧

历史上，人口增长往往伴随着资源危机，但中国正用制度创新改写这一规律。

"马尔萨斯陷阱"警示着人口增长与资源环境的紧张关系。在 AI 时代，中国正以独特的智慧破解这一难题。我国经济已步入高质量发展阶段，传统的粗放型增长模式面临挑战。在这一阶段，"投资于人"需要从注重量的积累转向质的提升，推动经济结构优化升级。在此过程中，应当加大教育、医疗、职业培训等领域的资源投入，培养具有创新思维和专业能力的人才，成为构建现代化经济体系的重要基石。

当人工智能、生命科学等前沿技术重塑生产力形态，人的创新能力、适应能力与创造力成为价值创造的核心要素。2023 年，中

央财经委员会首次提出"投资于人"的战略转向，标志着中国发展理念的根本性突破。这一转变并非简单的政策调整，而是对现代化本质的重新诠释。通过培养高素质的人才队伍，提高我国在全球产业链中的地位，增强产品的附加值和竞争力。同时，人才也是吸引外资和推动国际合作的重要因素，能够促进技术引进和创新，推动我国经济更好地融入全球经济体系，实现国内国际双循环的协调发展。

三、全生命周期的"精准投资"革命

技术的飞速发展推动了"投资于人"的方式向全生命周期的"精准投资"转变。脑机接口有望重塑教育投资，让知识传递更加精准高效；生物科技的进步将重构医疗养老的格局，延长寿命，提升人力资本的持续价值；数字孪生技术将激活就业培训的潜力，实现虚拟与现实的深度融合，降低培训成本，提高技能匹配度；算法治理则为投资决策提供了智能中枢，让资源分配更加科学合理。

这种全生命周期的"精准投资"，从儿童早期智力开发到中青年技能迭代、老年知识更新，覆盖人生各个阶段。例如，脑机接口技术可使语言学习效率大幅提升，偏远地区的儿童也能获得优质的认知训练；抗衰老技术的突破改写人力资本投资回报率，医疗支出转化为生产力储备；元宇宙技术重构技能投资时空维度，技能培训边际成本趋近于零。这些前沿科技的应用，使"投资于人"更加精准化、普惠化、高效化，为未来发展描绘出绚丽蓝图。

四、文明演进的"人本逻辑"

从"以物为本"到"以人为本",这是文明演进的内在逻辑。在现代化进程中,"以物为本"的发展逻辑曾主导全球经济增长范式,但进入 21 世纪,这种路径依赖遭遇严峻挑战。基础设施重复建设、资源环境约束趋紧、创新动能后继乏力等问题,暴露出"物本逻辑"的边际效益递减。

"投资于人"的理念强调将人作为发展的核心。它与每一个人的成长和幸福息息相关,与社会的繁荣和进步紧密相连,更关乎国家的竞争力和未来。通过"投资于人",我们能够打造出一支具备创新思维、专业素养和强大适应能力的人才队伍,为产业升级注入新鲜血液,为经济的可持续发展筑牢根基。在人工智能重塑人类文明的历史节点,"投资于人"不仅是经济命题,更是关乎文明走向的哲学选择。唯有以人力资本的持续积累对冲技术革命的不确定性,以人的全面发展破解增长极限的困局,才能在范式革命的浪潮中书写属于中国的现代化新篇章。

"投资于人",就是投资未来。

本书以"**政策解码—企业创新—个体突围**"为主线,深度剖析了这场静悄悄的革命,同时还提供了对北欧国家以及新加坡、德国、日本等国家经验的剖析。这本书既是时代的备忘录,更是普通人逆袭的行动指南——因为我们每个人,都是这场"人效革命"的主角。

杜雨

于北京建国门

目　录

第六章

全球镜鉴：国际视野下的"投资于人"实践

第七章

未来图景："投资于人"的 N 种可能

第一章

"投资于人"：

新发展语境下的多维进阶

——从人口红利迈向人才红利

第一节　新发展阶段，"投资于人"的转型需求

在中华民族伟大复兴战略全局的时代背景下，中国经济发展已迈入具有里程碑意义的全新阶段。作为现代化经济体系建设的关键跃升期，这个阶段不仅体现着经济体量积累向全要素生产率提升的深刻转变，更是主动对接数字经济时代全球价值链重构、深度融入第四次工业革命浪潮的战略抉择，彰显着创新驱动发展和供给侧结构性改革的实践逻辑。这种发展范式的转型升级，正在重塑生产要素配置方式，对"投资于人"的战略导向也提出了全新且紧迫的转型需求。

一、传统的粗放型增长模式面临的挑战

回顾过往，在较长时期内，我国经济的高速增长主要依托传统的粗放型增长模式。这种模式以大量投入自然资源、廉价劳动力和资本为特征，借助大规模的基础设施建设、快速扩张的工业产能以及庞大的出口导向型产业，实现了经济总量的迅速攀升。在工业化初期和经济起飞阶段，粗放型增长模式凭借能够迅速调动资源、形成规模化生产的优势，不仅加速了国民经济的迅猛扩张，更助力我国在有限时间内构建起系统化的现代工业基础，成功完成了由低收

入经济体向中等收入经济体的历史性跃迁。

然而，随着时间的推移和经济规模的不断扩大，传统的粗放型增长模式的弊端日益凸显。

首先，资源环境约束趋紧成为不可回避的现实问题。长期粗放型增长模式导致资源利用效率低下，部分重要资源对外依存度不断提高。同时，高耗能、高排放的生产方式对生态环境造成了严重破坏，引发复合型环境危机，给人民群众的身体健康和生态系统的平衡稳定带来了巨大威胁。例如，在一些传统重工业集中地区，由于长期高强度的资源开发和污染物排放，空气质量恶化，雾霾天气频繁出现，河流和土壤受到严重污染，生态修复成本高昂。

其次，要素边际收益递减规律开始发挥作用。在粗放型增长模式下，随着对劳动力、资本等要素投入的不断增加，其带来的产出增量却逐渐减少。以劳动力要素为例，在经济发展初期，丰富且廉价的劳动力资源为劳动密集型产业提供了强大的竞争力，推动了产业规模的快速扩张。但随着劳动力市场逐渐趋于饱和，劳动力成本不断上升，传统要素驱动型增长模式正面临着边际效益递减的严峻挑战。资本投入方面同样如此。在工业化初期，资本投入能够带来显著的产出增长，但当基础设施建设逐渐完善、工业产能趋于饱和后，继续大规模投入资本的回报率却不断降低。

最后，全球经济格局的深刻变革对传统的粗放型增长模式构成了显著挑战。随着全球化进程的不断推进，国际产业分工和贸易格局发生了重大变化。一方面，部分新兴经济体依托其更低的劳动力成本以及更具优势的政策条件，在劳动密集型产业方面与我国展开了激烈角逐，我国传统劳动密集型产业的国际市场份额受到挤压；

另一方面，发达国家加快实施"再工业化"战略，通过技术创新和产业升级，强化高端制造业和战略性新兴产业的竞争优势，试图重塑全球产业链和价值链，这使我国在产业升级和向全球产业链高端迈进的过程中面临更大的外部压力。

二、"投资于人"转型的必要性

面对传统的粗放型增长模式的诸多挑战，实现经济高质量发展必须依靠经济发展方式的根本性转变，而"投资于人"从注重劳动力数量向提升劳动力质量转型，则是这一转变的核心和关键。

从经济发展的规律来看，在经济发展的不同阶段，驱动经济增长的要素也有所不同。在经济发展的初级阶段，劳动力、资本等要素的大规模投入能够带来显著的经济增长。随着经济发展阶段的演进，全要素生产率的贡献提升，技术创新、人力资本积累与制度创新逐步成为经济增长的核心动能。在我国经济向高质量发展跃迁的关键时期，突破传统要素投入依赖、激活内生增长动力已成为必然选择。通过深化人力资本投资，培育具备技术适应力与创新创造力的现代化人才队伍，不仅能够提高技术扩散效率、优化生产函数结构，更能通过知识溢出效应推动产业链价值层级攀升，最终实现从规模报酬递减向创新报酬递增的发展范式转换，为构建创新驱动型经济增长体系提供持续动能。

从产业升级的需求来看，我国产业结构的战略性调整正经历结构变迁与动能转换的双重考验。随着经济增长引致的要素成本重构、劳动力价格上升、单位 GDP 能耗下降，传统比较优势产业的国际竞争力呈现系统性弱化。在此背景下，构建以知识资本为核心的新型竞争优势，亟须依托专业化人才梯队实现技术跃迁，更需通过创新要素配置推动全产业链价值重构。高素质人才凭借其扎实的专业知识、创新思维以及实践能力，在技术研发、产品设计、生产工艺改进等诸多关键环节中扮演着不可或缺的角色，为产业升级注入强劲的智力支持。以新一代信息科技产业、高端制造产业、生物医药产业等战略性新兴产业为例，目前这些领域创新型和专业技术人才的供给不足，已然成为产业发展的瓶颈。唯有持续加大人才培养投入力度，提升劳动力整体素质，方能满足产业升级对各类高素质人才的迫切需求，助力我国产业在全球产业链中迈向高端位置。

从可持续经济发展的视角来看，确保经济长期稳定增长的关键在于妥善解决资源环境与经济发展的矛盾。高质量人才凭借其创新思维和专业能力，能够在资源高效利用、节能减排、生态环境保护等方面发挥积极作用。他们能够研发和推广资源节约型、环境友好型的技术和生产工艺，探索绿色发展的新模式和新路径，促进经济发展与资源环境的协调共生。例如，在新能源产业领域，科研人员通过技术创新，不断提高太阳能、风能等新能源的开发利用效率，降低成本，推动新能源产业的快速发展，为减少对传统化石能源的依赖、实现碳达峰碳中和目标提供了有力支撑。同时，在生态修复、环境治理等领域，专业人才也能够运用先进的技术和管理方法，有效地改善生态环境质量，保障经济可持续发展的生态基础。

三、加大对教育、医疗、培训等领域的投入

提升劳动力质量，实现投资于人的转型，必须加大对教育、医疗、培训等关键领域的投入，构建全方位、多层次的人才培养体系。

教育是培养人才的根本。加大对教育的投入，首先要优化教育资源配置，推动教育公平。长期以来，我国城乡、区域之间教育资源差距较大，农村及西部地区的教育基础设施薄弱、师资力量不足，严重制约了这些地区人才的培养和发展。因此，要加大对农村和贫困地区教育的支持力度，改善办学条件，提高教师待遇，加强师资队伍建设，以确保每个孩子都能享受到公平且优质的教育。其次要深化教育体制改革，推进素质教育，注重培养学生的创新思维、实践能力和综合素质。在基础教育阶段，要加强科学教育、艺术教育和劳动教育，激发学生的学习兴趣和创造力；在高等教育阶段，要优化学科专业设置，加强产学研合作，培养适应经济社会发展需求的应用型、创新型人才。例如，近年来，我国通过实施"农村义务教育薄弱学校改造计划""中西部高等教育振兴计划"等一系列政策措施，有效地改善了农村和中西部地区的教育条件，缩小了城乡、区域之间的教育资源差距。

医疗是保障劳动力健康的基石。推动医疗健康事业高质量发展需多维度协同发力。首要任务是优化医疗资源网络布局，重点提升基层诊疗服务效能，特别是在乡村及边远地区，应着力升级医疗设施配置标准，构建智能化远程诊疗平台，实现优质医疗资源下沉。同步推进卫生人才供给侧结构性改革，通过定向培养、待遇激励等机制扩充全科医生队伍。同时，要深化医药卫生体制改革，推进医

保制度改革，提高医疗保障水平，减轻群众看病就医负担。此外，还要加强公共卫生体系建设，提高应对突发公共卫生事件的能力，保障人民群众的生命安全和身体健康。例如，在抗击新冠疫情的过程中，我国加大了对公共卫生体系建设的投入，加强了疾病预防控制机构的能力建设，完善了疫情监测预警机制，提高了医疗救治能力，为疫情防控取得重大战略成果提供了坚实保障。

职业培训是提升劳动者专业技能的重要途径。随着产业结构的不断调整和新兴产业的快速发展，对劳动者的专业技能提出了更高的要求。加大对职业培训的投入，要建立健全职业培训体系，根据市场需求和产业发展趋势，开展有针对性的职业技能培训。一方面，要加强职业院校和培训机构的建设，提高培训质量和水平，打造一批高水平的职业技能培训基地。另一方面，要鼓励企业开展职工培训，通过校企合作、订单式培养等方式，提高劳动者的岗位技能和就业能力。同时，要完善职业技能鉴定和评价体系，建立职业技能提升激励机制，激发劳动者参加职业培训的积极性和主动性。例如，一些地方政府通过实施"职业技能提升行动"，对参加职业培训并取得相应证书的劳动者给予补贴，有效地推动了职业培训工作的开展，提高了劳动者的专业技能水平。

四、培养具有创新能力和专业技能的人才

在加大对教育、医疗、培训等领域投入的基础上，要注重培养具有创新能力和专业技能的人才，为产业升级和经济可持续发展提供坚实的人力支撑。

培育创新生态系统，要营造鼓励创新的社会氛围，培育创新文化。首要任务是形成创新友好型社会资本，只有通过制度设计营造"允许试错、奖励创新"的文化氛围，才能激发人们的创新热情和创造力。要加强创新教育，将创新思维和创新方法融入教育教学全过程，培养学生的创新意识和创新精神。同时，要加大对科技创新的投入，加强科研基础设施建设，鼓励科研人员开展基础研究和应用研究，提高我国的自主创新能力。此外，还要完善知识产权保护制度，加强对创新成果的保护，激发企业和科研人员的创新积极性。例如，我国近年来通过举办各类创新创业大赛、建设众创空间和科技企业孵化器等方式，为创新创业者提供了良好的平台和环境，涌现出了一大批具有创新能力的企业和个人。

培养专业技能人才，要紧密结合产业发展需求，优化专业设置和课程体系。职业院校和培训机构要加强与企业的合作，了解企业对人才的需求，根据市场需求调整专业设置和课程内容，使培养出来的人才能够与企业的岗位需求精准对接。同时，要加强实践教学，提高学生的实践操作能力。通过建立实习实训基地、开展企业实习等方式，让学生在实践中掌握专业技能，提高解决实际问题的能力。此外，还要加强"双师型"教师队伍建设，提高教师的实践教学能力和专业水平。例如，一些职业院校与企业合作，聘请企业技术骨干和能工巧匠担任兼职教师，将企业的最新技术和生产工艺引入课堂教学，有效地提高了学生的专业技能水平。

具有创新能力和专业技能的人才，是推动产业升级和经济可持续发展的核心力量。在产业升级方面，他们能够在技术研发、产品创新、管理优化等方面发挥重要作用，推动传统产业向高端化、智能化、绿色化转型。例如，在制造业领域，借助先进智能制造技术与创新管理模式的导入，可显著提升生产效率与产品质量，同时削减生产成本及能源消耗，进而推动制造业转型升级。在新兴产业发展方面，创新型和专业技术人才能够引领技术创新和产业发展方向，培育壮大新一代信息技术、新能源、新材料、生物医药等战略性新兴产业。例如，在人工智能产业领域，科研人员通过研发人工智能算法和应用技术，推动人工智能在医疗、金融、交通等领域的广泛应用，创造出巨大的经济和社会效益。在经济可持续发展方面，高素质人才能够凭借其创新能力和专业技能，探索资源高效利用、绿色发展的新模式，为经济的长期繁荣奠定坚实的基础。

我国经济已步入高质量发展阶段，传统的粗放型增长模式面临着诸多挑战。在这一背景下，"投资于人"从注重劳动力数量向提升劳动力质量转变具有紧迫性和必要性。通过加大对教育、医疗、培训等领域的投入，培养具有创新能力和专业技能的人才，能够为产业升级和经济可持续发展提供坚实的人力支撑，实现从人口红利迈向人才红利的跨越，推动我国经济在高质量发展的道路上不断前行。

第二节　新发展格局，提升国际竞争力的必由之路

在当今世界百年未有之大变局加速演进的时代背景下，我国立足自身发展阶段、要素禀赋与外部环境变化，明确提出构建以国内大循环为主体、国内国际双循环相互促进的新发展格局。这一重大战略抉择，不仅是应对外部风险挑战、实现经济高质量发展的内在要求，更是我国在全球经济格局重塑中提升国际竞争力、赢得未来发展主动权的必由之路。而在新发展格局的构建进程中，"投资于人"，培育高素质的人才队伍，发挥着至关重要且不可替代的核心作用。

一、新发展格局的内涵与背景

新发展格局以国内大循环为主体，强调充分发挥我国超大规模市场优势和内需潜力，通过优化国内经济循环体系，提升供给体系对国内需求的适配性，打通生产、分配、流通、消费各个环节，实现国民经济的良性循环。① 国内大循环并非自我封闭、自我循环，而是在立足国内的基础上，进一步扩大高水平对外开放，推动国内

---

① 李晓，刘宝琦.中国经济国内国际双循环测度——基于三种 GDP 分解的比较分析［J］.南开经济研究，2024（1）：3–19.

国际双循环相互促进。国内国际双循环相互促进，旨在利用国内国际两个市场、两种资源，实现更加强劲可持续的发展。一方面，通过国内大循环的畅通和升级，为国际循环提供更广阔的市场空间和更优质的产品、服务供给；另一方面，借助国际循环引入先进技术、管理经验和优质资源，推动国内产业升级和创新发展，提升国内大循环的效率和质量。

新发展格局的提出有着深刻的时代背景。从国际环境看，全球经济增长动能不足，贸易保护主义、单边主义抬头，逆全球化思潮涌动，全球产业链供应链面临重塑，国际经济、科技、文化、安全、政治等格局发生深刻调整。特别是近年来，一些西方国家对我国在贸易、科技等领域采取遏制打压措施，试图阻断我国与全球产业链供应链的联系，严重影响了我国经济发展的外部环境。从国内形势看，随着我国经济发展水平不断提高，国内市场需求结构发生深刻变化，人民群众对美好生活的向往更加强烈，消费升级趋势明显。与此同时，我国经济发展面临着日益严峻的资源环境约束，依靠资源投入和规模扩张的传统发展模式难以为继。必须加快转变经济发展方式，推动经济高质量发展。在此背景下，构建新的发展模式已成为我国应对外部挑战、实现经济可持续发展的必然选择。

二、"投资于人"对提升我国在全球产业链中地位的作用

在全球产业链分工体系中，我国长期处于中低端环节，主要从事劳动密集型和资源依赖型产业的生产制造，产品附加值较低，在国际市场上的竞争力主要依赖于低成本优势。然而，随着全球经济

格局的调整和我国经济发展阶段的变化，这种传统的产业分工地位面临着严峻挑战。劳动力成本上升、资源环境约束趋紧以及国际竞争加剧等因素，使得我国传统产业的低成本优势逐渐削弱。要提升我国在全球产业链中的地位，实现从产业链中低端向高端的跃升，关键在于"投资于人"，培养一支高素质的人才队伍。

高素质人才具备扎实的专业知识、创新能力和国际视野，能够在技术研发、产品创新、品牌建设等方面发挥重要作用。在技术研发方面，科研人才通过开展前沿技术研究和关键核心技术攻关，能够突破产业发展的技术瓶颈，推动我国产业技术水平的提升。例如，在半导体产业领域，我国科研人员经过不懈努力，在芯片设计、制造工艺等方面取得了一系列重要突破，逐步缩小了与国际先进水平的差距，为我国半导体产业的发展提供了技术支撑。在产品创新方面，创新型人才能够敏锐捕捉市场需求变化，运用创新思维和设计理念，开发出具有高附加值和差异化竞争优势的产品。例如，我国的一些消费电子企业，通过加大研发投入，培养和引进创新人才，不断推出具有创新性和引领性的产品，如折叠屏手机、智能穿戴设备等，在国际市场上赢得了广泛认可，提升了我国消费电子产业的国际竞争力。在品牌建设方面，营销、管理等领域的专业人才能够运用先进的品牌营销策略和管理经验，塑造具有国际影响力的品牌形象，提高我国产品的品牌附加值。例如，华为、小米等企业通过实施全球化品牌战略，加强品牌推广和市场开拓，在全球范围内树立了良好的品牌形象，提升了我国企业在全球产业链中的地位。

此外，高素质人才还能够推动产业集群的发展和升级。产业集群是提升区域产业竞争力的重要载体，通过产业集群内企业之间的协同创新、资源共享和分工协作，能够提高产业整体的生产效率和创新能力。高素质人才的集聚，能够为产业集群带来先进的技术、管理经验和创新理念，促进产业集群内企业之间的技术交流与合作，推动产业集群向高端化、智能化、绿色化方向发展。例如，我国深圳依托丰富的人才资源和良好的创新创业环境，形成了以电子信息、生物医药、新能源等为代表的产业集群。在这些产业集群中，高素质人才发挥着关键作用，推动了产业集群的不断升级和发展，使深圳成为我国乃至全球重要的科技创新和产业发展高地。

三、"投资于人"对增强产品附加值和竞争力的影响

产品附加值是衡量产品竞争力的重要指标，提高产品附加值能够有效提升产品在国际市场上的价格优势和利润空间。"投资于人"通过提升劳动者素质和创新能力，能够从多个方面增强产品附加值和竞争力。

首先，高素质的劳动者能够提高生产效率和产品质量。在生产过程中，熟练掌握先进生产技术和工艺的劳动者，能够更加精准地操作生产设备，减少生产过程中的失误和废品率，提高生产效率和产品质量。例如，在汽车制造行业，拥有高素质技术工人的企业，能够生产出更高质量的汽车产品，其产品在市场上往往具有更高的价格和更好的口碑。同时，高素质劳动者还能够通过对生产流程的优化和改进，降低生产成本，提高企业的经济效益。例如，一些企业通过开展精益生产培训，培养员工的精益生产理念和技能，优化

生产流程，减少浪费，提高了企业的生产效率和竞争力。

其次，创新型人才能够推动产品创新和技术升级，从而增加产品的附加值。创新型人才能够运用其独特的创新思维和专业知识，开发出具有创新性和差异化的产品，满足消费者日益多样化和个性化的需求。例如，苹果公司凭借其强大的创新团队，不断推出具有创新性的产品，如 iPhone、iPad 等，这些产品不仅在技术上领先于竞争对手，而且在设计、用户体验等方面也具有独特优势，从而具有较高的附加值。同时，创新型人才还能够推动产品的技术升级，使产品在功能、性能等方面不断提升，进一步增强产品的竞争力。例如，在新能源汽车领域，随着电池技术、自动驾驶技术等的不断创新和升级，新能源汽车的续航里程、安全性、智能化水平等不断提高，产品附加值也相应增加。

最后，专业的营销和管理人才能够提升产品的品牌价值和市场竞争力。营销人才通过深入了解市场需求和消费者心理，制定科学合理的营销策略，能够提高产品的市场知名度和美誉度，塑造良好的品牌形象。管理人才通过优化企业内部管理流程，提高企业运营效率，降低企业成本，提升企业的经济效益和竞争力。例如，可口可乐、耐克等国际知名品牌，通过专业的营销和管理团队，在全球范围内开展品牌推广和市场运营，使其品牌价值不断提升，产品在国际市场上具有强大的竞争力。

四、人才在吸引外资和推动国际合作中的重要作用

在经济全球化的背景下，吸引外资和开展国际合作是提升我国

国际竞争力的重要途径。而人才作为经济发展的核心要素，在吸引外资和推动国际合作中发挥着至关重要的作用。

一方面，高素质的人才队伍是吸引外资的重要优势。外资企业在进行投资决策时，除了考虑市场规模、政策环境、基础设施等因素外，还非常重视当地的人才资源状况。高素质人才集聚的区域能够为外企提供充沛的人力资本储备，有效缩减企业在人才引进与培育方面的投入。这类人才不仅能为外企注入创新动力，还能引入现代化的管理思维，从而推动外企在本地的长期稳健发展。例如，上海作为我国的国际化大都市，拥有丰富的人才资源，吸引了大量的外资企业入驻。这些外资企业在上海设立研发中心、生产基地等，充分利用上海的人才优势，开展技术研发和业务拓展，实现了与当地经济的互利共赢发展。

另一方面，人才是推动国际合作的重要桥梁和纽带。在开展国际合作的过程中，需要具备国际视野、熟悉国际规则和具有跨文化交流能力的人才。这些人才能够在不同国家和地区的企业、科研机构之间搭建沟通合作的平台，促进技术、资金、信息等要素的跨国流动和共享。例如，在"一带一路"建设中，我国积极推动与合作伙伴的国际合作，在基础设施建设、贸易投资、人文交流等领域取得了丰硕成果。

此外，人才在国际合作中还能够促进技术引进和创新。我国人才通过与全球领先企业和研究机构的互动与合作，得以汲取并融合国际前沿的技术与卓越的管理智慧，进而将这些知识与我国的独特国情相融合，孕育出创新的成果。举例而言，我国若干汽车制造商与海外著名汽车品牌携手合作，不仅引入了尖端的汽车制造技艺和管理模式，还培养了一批本土的技术精英和管理专家。这些人才在吸收国际先进技术的同时，不断进行自主创新，从而加速了我国汽车工业的技术革新与产业升级。

五、"投资于人"推动我国经济更好地融入全球经济体系

在新发展格局下，"投资于人"对推动我国经济更好地融入全球经济体系具有重要意义。培养具有国际视野和跨文化交流能力的高素质人才，能够提升我国企业在全球市场的运营能力和竞争力，促进我国与世界各国的经济合作与交流。

具有国际视野的人才能够准确把握全球经济发展趋势和国际市场需求变化，为我国企业制定科学合理的国际化战略提供决策支持。他们能够帮助企业在全球范围内优化资源配置，拓展市场空间，提高企业的国际竞争力。例如，我国的一些大型跨国企业，如海尔、联想等，通过培养和引进具有国际视野的管理人才，实施全球化战略，在全球范围内建立生产基地、研发中心和营销网络，实现了资源的优化配置和业务的快速拓展，成为具有国际影响力的知名企业。

跨文化交流能力强的人才能够有效化解国际经济合作中的文化冲突，促进不同国家和地区之间的沟通与合作。在国际经济合作中，由于不同国家和地区的文化背景、价值观念、行为习惯等存在差异，容易引发文化冲突，影响合作的顺利进行。具备跨文化交流能力的人才能够理解和尊重不同文化之间的差异，运用有效的沟通技巧和策略，协调各方利益，促进合作项目的顺利实施。例如，在

我国企业开展对外投资和跨国并购的过程中，跨文化交流人才能够帮助企业更好地了解目标企业所在国家的文化特点和商业环境，制定合理的并购整合策略，降低并购风险，实现并购后的协同发展。

此外，"投资于人"能够推动我国在国际经济规则制定中发挥更大作用。随着我国经济实力的不断增强，我国在国际经济舞台上的地位日益提升，参与国际经济规则制定的需求也越来越迫切。培养一批熟悉国际经济规则、具有国际话语权的专业人才，能够使我国在国际经济规则制定过程中更好地表达自身利益诉求，维护我国和广大发展中国家的共同利益。例如，在世界贸易组织、国际货币基金组织等国际经济组织中，我国积极选派优秀人才参与相关工作，通过参与国际经济规则的制定和完善，为我国经济更好地融入全球经济体系创造有利条件。

构建以国内大循环为主体、国内国际双循环相互促进的新发展格局，是我国应对复杂多变国际形势、实现经济高质量发展的重大战略举措。在这一进程中，"投资于人"是提升我国国际竞争力的关键所在。培养高素质的人才队伍，能够提高我国在全球产业链中的地位，增强产品附加值和竞争力，吸引外资和推动国际合作，促进我国经济更好地融入全球经济体系，实现国内国际双循环的协调发展。因此，我们必须高度重视人才培养，加大对教育、培训、科研等领域的投入，营造良好的人才发展环境，为我国经济在新发展格局下实现高质量发展提供坚实的人才支撑。

第三节 新发展理念，探索人力资本投资的多元路径

创新、协调、绿色、开放、共享的新发展理念，犹如一盏明灯，为我国在新时代的发展指明了清晰而坚定的方向。在经济社会发展的宏大版图中，"投资于人"作为推动经济高质量发展、实现从人口红利迈向人才红利关键跨越的核心举措，必须紧密遵循新发展理念的指引，积极探索多元且富有成效的路径。这不仅关乎个体的全面发展，更对我国经济的可持续增长、社会的和谐稳定以及在全球竞争格局中的地位提升有着深远意义。

一、创新"投资于人"的方式和途径

创新，作为引领发展的第一动力，在"投资于人"领域同样发挥着举足轻重的作用。传统的投资方式在面对日益复杂多变的经济社会环境时，逐渐显露出其局限性。因此，创新"投资于人"的方式和途径成为当务之急。

在教育投资方面，传统的教育模式往往侧重于知识的传授，而对学生的实践能力、创新思维和综合素质的培养有所欠缺。如今，应积极引入创新元素，推动教育模式的变革。例如，利用现代信息技术，开展线上线下融合的混合式教学，打破时间和空间的限制，

让优质教育资源能够更广泛地覆盖不同地区、不同群体的学生。虚拟仿真技术、人工智能辅助教学等手段，为学生创造更加生动、有趣、沉浸式的学习环境，激发学生的学习兴趣和自主学习能力。此外，鼓励学校与企业、科研机构建立紧密的合作关系，开展产学研协同育人项目。企业可以将实际生产中的问题和需求引入校园，让学生在解决实际问题的过程中，提升专业技能和实践能力；科研机构则可以为学生提供前沿的科研项目和实践机会，培养学生的创新精神和科研能力。

在培训领域，创新同样不可或缺。随着科技的飞速发展和产业结构的快速调整，职业技能更新换代的速度不断加快。传统的一次性培训模式已难以满足劳动者持续提升技能的需求。因此，应建立动态、灵活、个性化的培训体系。利用大数据技术，精准分析劳动者的职业发展需求和市场对各类技能的需求，为劳动者量身定制培训方案。开展模块化、碎片化培训，让劳动者可以根据自己的时间和学习进度，灵活选择培训内容。同时，鼓励企业自主开展培训，并通过政策引导，推动企业与职业院校、培训机构联合开展订单式培训，提高培训的针对性和实效性。

二、关注健康领域的投资

健康是人类生存和发展的基础，也是人力资本的重要组成部分。在"投资于人"过程中，构建全生命周期的健康服务体系，对于提高国民身体素质和劳动生产力具有不可估量的价值。

从生命孕育的起点开始，就要注重母婴健康。加大对妇幼保健机构的投入，提升孕期保健、分娩服务、产后康复等环节的质量和水平。普及科学育儿知识，为新手父母提供专业指导，保障婴幼儿的健康成长。在儿童青少年时期，加强学校体育教育，确保学生每天有足够的体育锻炼时间，培养学生良好的运动习惯和健康的生活方式。同时，关注儿童和青少年的心理健康，建立健全心理健康教育和咨询服务体系，及时发现和干预心理问题。

对于成年人，要加强职业健康保护。随着工业化进程的加速，职业病已成为影响劳动者健康的重要因素。企业应加强劳动安全卫生管理，改善工作环境，为劳动者配备必要的防护用品。同时，定期组织劳动者进行职业健康检查，及时发现和治疗职业病。此外，应鼓励成年人积极参与体育锻炼，保持健康的生活方式。政府可以通过建设公共体育设施、举办全民健身活动等方式，为成年人提供更多的体育锻炼机会。

在老年阶段，要完善养老服务体系，提高老年人的生活质量。加大对养老机构的建设和投入，推动养老服务的专业化、规范化发展。鼓励发展居家养老服务，通过社区养老服务中心、家庭医生签约服务等方式，为老年人提供便捷的医疗、护理、康复等服务。同时，关注老年人的心理健康，开展适合老年人的文化娱乐活动，丰富老年人的精神生活。

构建全生命周期的健康服务体系，还需要加强医疗卫生人才队伍建设。加大对医学教育的投入，培养更多高素质的医疗卫生专业人才。同时，通过提高医务人员待遇、改善工作环境等方式，吸引和留住优秀人才。此外，利用信息化技术，建立居民电子健康档案，实现医疗信息的互联互通，提高医疗服务的效率和质量。

三、注重社会保障领域的投资

社会保障是社会稳定的"安全网",也是"投资于人"不可或缺的重要环节。完善的社会保障体系能够为人们提供基本的生活保障,减轻人们的后顾之忧,从而激发人们的积极性和创造力。

在养老保险方面,要不断完善基本养老保险制度,提高养老保险的保障水平。逐步提高养老金待遇,确保老年人的生活质量。同时,鼓励发展企业年金、职业年金等补充养老保险,以及个人商业养老保险,构建多层次的养老保险体系。在医疗保险方面,要深化医保制度改革,提高医保基金的使用效率。扩大医保报销范围,提高报销比例,降低群众看病就医负担。推进医保异地就医直接结算,方便群众异地就医。此外,要加强大病保险和医疗救助制度建设,防止因病致贫、因病返贫现象的发生。

在失业保险方面,要充分发挥失业保险保障生活、预防失业、促进就业的功能。提高失业保险金的标准,保障失业人员的基本生活。同时,通过实施稳岗返还、技能提升补贴等政策,鼓励企业稳定就业岗位,提高劳动者的职业技能。在工伤保险方面,要扩大工伤保险的覆盖范围,将更多的劳动者纳入工伤保险保障范围。加强工伤预防工作,减少工伤事故的发生。提高工伤待遇水平,保障工伤职工的合法权益。

此外,必须着力构建和完善社会救助与福利体系。针对低收入家庭、特困人员及残疾人等弱势群体,应加大救助力度,确保他们的基本生活需求得到满足。推进社会福利事业的发展,为老年人、儿童及残疾人等特殊群体提供更加丰富的福利服务。通过不断健全社会保障体系,确保每一位公民都能享受到改革发展的红利,从而提升人民的幸福感和满足感。

四、推动就业创业领域的投资

就业是民生之本,创业是就业之源。在"投资于人"过程中,营造良好的创新创业生态环境,对激发人的创造力和活力、促进人的全面发展、推动经济高质量发展具有重要意义。

在促进就业方面,需推行积极的就业促进措施,以拓宽就业渠道。强化对实体经济的扶持,激励企业拓展业务规模,从而增加就业岗位。重点发展具有强大就业吸纳能力的战略性新兴产业和现代服务业,以此培育就业的新动力。同时,完善就业服务体系,提升服务质量和效率。构建全面的公共就业服务平台,为求职者和招聘单位提供高效的信息服务、职业咨询和就业培训。实施就业援助计划,协助就业困难群体实现就业目标。

在支持创业方面,应优化创业扶持政策,减少创业的障碍和开支。增强对创业的财政援助,利用创业担保贷款、创业补贴等多种方式,为创业者提供坚实的资金支持。简化创业审批程序,提升政务服务的效能,营造一个便利的创业氛围。强化创业培训,提升创业者的技能和素质。通过组织创业竞赛、创业训练营等活动,为创业者搭建交流与合作的桥梁,激发其创新精神和创业动力。

此外,需着力推进创新创业载体的构建。建立一系列众创空间、科技企业孵化器及创业园区等平台,为创业者提供包括场地、设备、技术和资金在内的全面服务支持。鼓励高校、科研机构与企业联合建立创新创业平台，加速科技成果的转化和创新创业人才的培养。通过营造一个优越的创新创业环境，激励更多人勇于创业、乐于创业、擅长创业，从而为经济的高质量发展注入新的活力。

五、促进人的全面发展与经济高质量发展的良性互动

在新发展理念下探索人力资本投资的多元路径，其最终目标是促进人的全面发展，并实现人的全面发展与经济高质量发展的良性互动。人的全面发展不仅包括身体素质、知识技能、创新能力等方面的提升，还包括思想道德、文化素养、社会交往等方面的发展。只有当人的全面发展得到充分保障，才能为经济高质量发展提供源源不断的动力。

一方面，通过在教育、健康、社会保障、就业创业等领域的多元投资，促进人的全面发展，能够提高劳动者的素质和能力，激发人的创造力和活力，从而推动经济高质量发展。高素质的劳动者能够在生产过程中创造更高的价值，推动产业升级和技术创新；健康的劳动者能够保持良好的工作状态，提高劳动生产率；完善的社会保障体系能够为劳动者提供稳定的生活预期，增强劳动者的消费信心，促进消费升级，进而拉动经济增长；良好的创新创业生态环境能够激发更多的创业活动，培育新的经济增长点。

另一方面，经济高质量发展也能够为促进人的全面发展提供更加坚实的物质基础和良好的社会环境。经济的发展能够创造更多的财富，为加大教育、医疗、社会保障等领域的投入提供资金支持；能够提供更多的优质就业岗位，为人们实现自身价值提供广阔的平

台；能够推动社会的进步和文化的繁荣，丰富人们的精神生活。

新发展理念为我们探索人力资本投资的多元路径提供了科学的指导。在"投资于人"过程中，我们必须创新投资方式和途径，关注健康、社会保障、就业创业等多方面的协调发展，促进人的全面发展，实现人的全面发展与经济高质量发展的良性互动。只有这样，我们才能在新发展语境下，成功实现从人口红利迈向人才红利的伟大跨越，为我国经济社会的持续健康发展奠定坚实的基础。

第二章

从"物本"到"人本":

投资逻辑的范式革命

——当 GDP 竞赛转向"人效"突围

第一节　范式革命的历史逻辑：从"物本"到"人本"的演进

在人类社会漫长的现代化进程中，经济发展的主导逻辑经历了深刻的变革。从早期以物质财富增长为核心的"物本"范式，逐步向重视人的全面发展的"人本"范式转变。这一演进不仅是经济增长方式的调整，更是对发展本质认识的升华，深刻影响着全球经济格局与人类社会的未来走向。

一、"物本"逻辑主导下的全球经济增长范式

工业革命作为人类历史上具有划时代意义的重大事件，开启了"物本"发展逻辑主导的时代。在这一时期，机器的广泛应用彻底改变了生产方式，极大地提高了生产效率。人们对机器的力量充满敬畏与崇拜，认为通过不断增加机器设备的投入，扩大生产规模，就能实现经济的快速增长。工厂如雨后春笋般涌现，大规模的机械化生产成为经济发展的主要驱动力。在这种思维模式下，物质财富的积累被视为社会进步的首要标志，各国纷纷致力于发展工业，追求工业产值的最大化。

进入 20 世纪，资本主义世界迎来了资本积累的狂飙突进阶段。资本的力量在经济发展中越发凸显，企业通过大规模的资本投入，

不断扩张生产规模、开拓市场。无论是在传统的制造业领域，还是在新兴的能源、交通等行业，资本的大量涌入都推动了基础设施的大规模建设和产业的快速扩张。城市中高楼大厦拔地而起，铁路、公路等交通网络不断延伸，工厂的烟囱林立。在这一过程中，GDP（国内生产总值）作为衡量经济增长的重要指标，被广泛用作评估国家和地区发展水平的核心标准。各国之间展开了激烈的 GDP 竞赛，为了追求更高的 GDP 增长率，不惜投入大量的资源进行生产建设，将物质财富的增长推向了前所未有的高度。

在"物本"逻辑的长期主导下，全球经济在一定时期内实现了快速增长，人类社会的物质生活水平得到了显著提高。大量的商品被生产出来，满足了人们日益增长的物质需求。基础设施的完善也为经济发展和社会生活提供了便利，促进了地区之间的经济联系和交流。然而，这种以物质投入为核心的发展模式，逐渐暴露出诸多深层次的问题。

二、"物本"逻辑的困境与挑战

随着时间的推移，进入 21 世纪，"物本"逻辑的局限性越发明显，其所带来的问题日益严重，对全球经济的可持续发展构成了严峻挑战。

首先，基础设施的重复建设现象普遍存在。在 GDP 竞赛的驱动下，许多地区为了追求短期的经济增长，盲目进行基础设施投资。一些地方不顾实际需求，过度建设高速公路、机场、港口等基础设施，导致资源的大量浪费。例如，部分地区的机场建成后，客流量长期达不到预期,运营成本高昂,却仍在不断进行扩建和升级,造成了巨大的资金浪费和资源闲置。这种重复建设不仅未能有效促进经济发展,反而加重了地方财政负担,降低了资源配置效率。

其次,资源环境约束趋紧成为不可忽视的现实问题。长期以来,"物本"发展模式对自然资源的过度依赖和高强度开发,导致资源短缺和环境恶化问题日益突出。在能源领域,对煤炭、石油等传统化石能源的大量消耗,使得全球能源危机日益加剧,同时也带来了严重的环境污染问题,如大气污染、水污染、土壤污染等。许多地区的生态系统遭到破坏,生物多样性减少,自然灾害频发,严重威胁到人类的生存和发展。以一些传统工业城市为例,由于长期依赖高耗能、高污染的产业发展模式,城市空气质量恶化,河流和土壤受到严重污染,居民的身体健康受到严重影响,生态修复成本巨大且困难重重。

最后,创新动能后继乏力也是"物本"逻辑面临的重要挑战。在"物本"范式下,企业和社会往往过于注重物质资本的投入和规模扩张,而忽视了科技创新和人才培养的重要性。虽然在短期内通过大规模的物质投入可以实现经济的增长,但从长期来看,缺乏创新驱动的经济发展难以持续。随着全球经济竞争的日益激烈,技术创新已成为提升国家和企业竞争力的关键因素。然而,"物本"逻辑下的资源配置方式,使得大量资源被投入到传统产业的扩张和基础设施建设上,对科技创新的投入相对不足,导致创新能力薄弱,难以满足经济发展对新技术、新产品的需求。许多企业在面对市场变化和技术升级时,由于缺乏创新能力,陷入困境,甚至倒闭。

三、"投资于人"战略转向的提出与意义

面对"物本"逻辑带来的种种困境，中国以高瞻远瞩的战略眼光，率先做出了重大战略调整。2023 年，中央财经委员会首次提出"投资于人"，这一举措犹如一颗璀璨的明珠，照亮了中国乃至全球经济发展的新征程，标志着中国发展理念的突破。

这一转变绝非简单的政策调整，而是基于对现代化本质的深刻洞察与重新诠释。在当今时代，人工智能、生命科学、量子计算等前沿技术正以前所未有的速度和力量重塑生产力形态。在这个全新的生产力格局中，人的创新能力、适应能力与创造力已无可争议地成为价值创造的核心要素。以智能手机行业为例，曾经行业发展陷入"参数内卷"的困境，各大厂商纷纷在硬件参数上进行比拼，如处理器性能、摄像头像素等，但这种单纯的"物的堆砌"并未给用户带来实质性的体验提升。然而，随着技术的发展，行业逐渐转向"智能升维"的革命，注重提升用户体验、满足个性化需求以及通过软件创新实现功能拓展。这一转变背后的关键在于对人的需求和创造力的重视，通过深入了解用户需求，投入大量资源进行研发创新，培养高素质的研发人才，从而实现了行业的转型升级。这一案例生动地表明，在全球产业链重构的大背景下，唯有将投资重心从"物的堆砌"果断转向"人的发展"，才能在激烈的国际竞争中占据主动地位。

"投资于人"战略的实施，对中国经济社会发展具有多方面的重大意义。从经济层面来看，它将为经济增长注入新的动力源泉。通过加大对教育、培训、科研等领域的投入，培养出大量具有创新

能力和专业技能的高素质人才，这些人才将成为推动科技创新、产业升级和经济结构调整的核心力量。他们能够在新兴产业领域开展前沿技术研究和产品创新，提升我国在全球产业链中的地位，实现从制造大国向制造强国、创新强国的转变。从社会层面来看，"投资于人"有助于促进社会公平与和谐发展。关注人的全面发展，为每个人提供平等的发展机会和优质的公共服务，能够缩小城乡、区域之间的发展差距，提高全体人民的生活质量和幸福感。同时，高素质人才的培养也将提升整个社会的文明程度和创新氛围，促进社会的进步与繁荣。从国际层面来看，这一战略将增强我国在全球经济治理中的话语权和影响力。在全球经济格局深度调整的背景下，我国凭借对人才的高度重视和培养，将吸引更多的国际人才和资源汇聚，推动我国与世界各国在科技、经济、文化等领域的交流与合作，为构建人类命运共同体贡献中国智慧和力量。

在人类现代化进程的历史长河中，从"物本"到"人本"的演进是一场深刻的范式革命。"物本"逻辑在推动经济发展的同时，也带来了诸多问题。而"投资于人"战略的提出，为我们指明了新的发展方向。通过重视人的发展，培养人的创新能力和综合素质，我们能够突破传统发展模式的束缚，实现经济的高质量发展、社会的全面进步以及在全球竞争中的优势地位。这一范式革命不仅关乎中国的未来，也将对全球经济发展和人类社会进步产生深远而积极的影响。我们必须坚定不移地推进"投资于人"战略，为实现中华民族伟大复兴的中国梦和构建人类命运共同体奠定坚实的人才基础。

第二节　人力资本的乘数效应：创新驱动的核心引擎

在经济发展的宏大叙事中，人力资本始终占据着举足轻重的地位。1979 年的诺贝尔经济学奖得主、人力资本理论的奠基人西奥多·舒尔茨，早在多年前便以其深邃的洞察力揭示：人力资本的积累是经济增长的源泉。这一论断宛如一座灯塔，穿透岁月的迷雾，在不同的时代背景下持续闪耀着智慧的光芒。而在当下这个被数字技术重塑的时代，舒尔茨的理论更是被赋予了全新且深刻的现实意义，成为理解经济发展新范式、创新驱动新路径的关键钥匙。

一、人力资本理论的内涵与基石

舒尔茨提出的人力资本理论，打破了传统经济学中仅将物质资本视为经济增长关键要素的局限。他指出，人力资本并非与生俱来，而是通过教育、培训、医疗保健等多种途径投资形成的。教育作为最核心的投资方式，能够传授知识、培养技能，提升劳动者的认知水平和专业素养。培训则侧重于针对特定职业或工作岗位，增强劳动者的实践能力和操作技能，使其能够更好地适应市场需求和工作要求。医疗保健投资关乎劳动者的身体健康，健康的体魄是高效劳动的基础，能够保障劳动者以良好的状态投入生产活动，减少因疾病导致的劳动时间损失, 提高劳动生产率 (见图 2-1)。

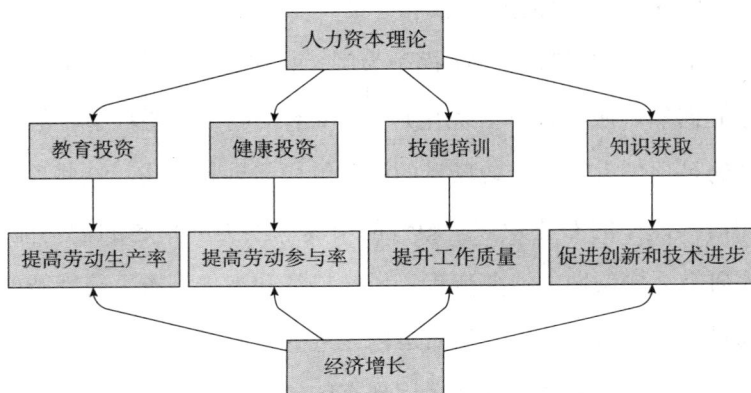

图 2-1 舒尔茨人力资本理论逻辑图

从微观层面看, 个人通过接受教育和培训, 提升自身知识与技能水平, 进而能够在劳动力市场上获得更高的收入回报。这不仅改善了个人的经济状况和生活质量, 也激励着更多人进行人力资本投资。从宏观层面看, 一个国家或地区拥有丰富且高质量的人力资本, 能够为经济增长提供源源不断的动力。高素质的劳动者能够推动技术创新、提高生产效率、优化产业结构, 从而促进整个经济体系的繁荣发展。人力资本就如同经济发展的肥沃土壤, 为各类创新活动和产业升级提供了坚实的支撑。

二、数字时代下人力资本理论的新诠释

进入数字时代, 技术创新以前所未有的速度和广度改变着经济社会的方方面面。以人工智能、大数据、云计算等为代表的新兴技术, 正在重塑生产力和生产关系, 构建全新的经济发展格局。在这

一全新的时代背景下，舒尔茨的人力资本理论焕发出更为强大的生命力，展现出一系列新的特征和意义。

以 DeepSeek 等国产 AI 模型为例，其在技术领域取得的重大突破绝非偶然。诚然，算法优化是 AI 技术发展的重要环节，但更为关键的是顶尖人才对金融场景的深度解构与创新重构。这些顶尖人才凭借其深厚的专业知识、敏锐的市场洞察力和卓越的创新能力，深入研究金融领域的业务流程、风险特征和客户需求，将复杂的金融场景进行拆解和分析，然后运用先进的技术手段进行创新组合和优化。他们不仅能够理解和运用现有的技术工具，更能够创造性地提出新的解决方案，推动 AI 技术与金融业务的深度融合，实现了从理论研究到实际应用的跨越。这种"人效"驱动的增长模式，与传统的以物质资本投入为主导的增长模式形成了鲜明对比，彻底颠覆了传统的投资逻辑。

在传统的投资逻辑中，投资主要聚焦于厂房、设备、原材料等物质资本，追求规模扩张和成本降低。而在数字时代，随着技术创新的加速和市场竞争的加剧，物质资本的边际收益逐渐递减，单纯依靠物质资本投入已难以实现经济的持续增长和企业的核心竞争力提升。相反，人力资本的重要性越发凸显。教育投入的回报率不再仅仅局限于个人收入的提升，而是通过知识溢出效应，形成全产业链的价值跃迁。当一个领域的顶尖人才取得技术突破或创新成果时，这些知识和技术并非仅仅局限于该企业或该领域，而是通过人才流动、技术交流、产业合作等多种渠道向整个产业链扩散。其他企业和行业能够借鉴和吸收这些先进的知识和技术，进行二次创新和应用拓展，从而带动整个产业链的技术升级和价值提升。例如，在互联网电商行业,企业通过培养和引进高素质的技术人才,开发出先进的物流配送算法和智能客服系统,可以提高自身的运营效率和客户满意度。这些创新成果逐渐被其他电商企业所学习和应用,推动了整个电商行业的服务水平提升和产业升级,促进了物流、支付等相关配套产业的发展,实现了全产业链的价值增长。

三、我国人力资本发展现状与趋势

我国在人力资本发展方面取得了令人瞩目的成就。数据显示,我国研发人员总量已连续多年居全球首位。这一庞大的研发人才队伍,为我国在科技创新领域的发展奠定了坚实的人力基础。从数量优势到质量提升,我国的人才红利正经历着从"人口数量"向"人口质量"的深刻转化。随着教育事业的不断发展和教育质量的稳步提升,我国培养出了大量具有扎实专业知识、创新思维和实践能力的高素质人才。这些人才分布在各个领域,在推动科技创新、产业升级和经济发展中发挥着关键作用。

在高等教育领域,我国高校不断优化学科专业设置,加强与企业和科研机构的合作,培养了一批适应市场需求和产业发展趋势的应用型、创新型人才。例如,在人工智能、新能源、生物医药等新兴产业相关专业,高校加大了师资队伍建设和教学资源投入,培养出了一批掌握前沿技术的专业人才,为这些新兴产业的发展提供了有力的人才支撑。同时,我国的职业教育也在快速发展,通过深化产教融合、校企合作,职业院校培养了大量具有实际操作技能的技术工人,满足了制造业等行业对高素质技能人才的需求。

政府也高度重视人力资本的培育和发展，将育儿补贴、职业教育等民生领域纳入"投资于人"的框架。育儿补贴政策的实施，旨在减轻家庭育儿负担，提高生育意愿，为未来的人才储备奠定基础。通过提供育儿补贴，更多家庭将有能力和意愿生育子女，并为子女提供良好的教育和成长环境。职业教育作为培养高素质技能人才的重要途径，受到了政府的大力支持。政府加大对职业院校的投入，改善办学条件，加强师资队伍建设，推动职业教育与产业需求紧密对接。例如，政府鼓励职业院校与企业共建实习实训基地，开展订单式培养，让学生在学习过程中就能接触到实际工作场景，掌握实用的职业技能，毕业后能够迅速适应工作岗位，为企业和社会创造价值。这种将民生领域与"投资于人"战略相结合的举措，实则是在培育创新生态的"热带雨林"。一个良好的创新生态系统，就如同热带雨林一般，需要丰富的物种（各类人才）、充足的阳光（政策支持）、肥沃的土壤（教育和培训体系）和适宜的气候（创新文化和氛围）等多种要素共同作用。政府通过一系列政策措施，为人才的培养、成长和发展创造了良好的环境，激发了人才的创新活力和创造力，促进了创新成果的涌现和转化。

四、人力资本的乘数效应在创新驱动中的作用机制

人力资本的乘数效应在创新驱动的经济发展过程中发挥着至关重要的作用，其作用机制主要体现在以下几个方面。

首先，人力资本能够直接推动科技创新。高素质的科研人才具备扎实的专业知识和创新能力，他们能够开展前沿科学研究，探索

未知领域，为技术创新提供理论基础和技术支撑。例如，在半导体芯片领域，科研人员通过对材料科学、量子力学等基础学科的深入研究，研发出新型的芯片制造工艺和技术，推动了芯片性能的不断提升。同时，技术人才能够将科研成果转化为实际产品和应用，实现技术创新的商业化价值。在互联网行业，技术人才利用先进的算法和软件开发技术，开发出各种具有创新性的互联网产品和服务，满足了市场需求，推动了行业的发展。

其次，人力资本能够促进知识传播和技术扩散。在一个充满活力的创新生态系统中，人才之间的交流与合作非常频繁。通过学术交流、技术研讨、项目合作等方式，人才能够将自己掌握的知识和技术分享给其他人员，促进知识的传播和技术的扩散。这种知识溢出效应能够带动整个行业和社会的技术水平提升。例如，在一些高新技术产业园区，企业之间的人才流动和技术交流非常活跃，一家企业的技术创新成果往往能够迅速被其他企业所学习和借鉴，从而推动整个园区的产业升级和创新发展。

最后，人力资本还能够带动相关产业的发展。当一个领域出现创新成果时，往往会引发一系列的连锁反应，带动相关产业的发展。例如，新能源汽车产业的发展，不仅需要汽车制造领域的人才进行技术研发和生产制造，还需要电池研发、电机制造、智能驾驶等相关领域的人才协同合作。同时，新能源汽车的普及还会带动充电桩建设、电池回收等配套产业的发展，创造出大量的就业机会和经济增长点。这种产业关联效应能够进一步放大人力资本的乘数效应，促进整个经济体系的繁荣发展。

五、人才：穿越经济波动的确定性力量

在技术周期的范式革命中，经济发展往往面临着诸多不确定性和波动。然而，人才作为人力资本的核心载体，却成为穿越经济波动的确定性力量。

在经济繁荣时期，人才能够凭借其创新能力和专业技能，推动企业和产业不断创新发展，实现经济的持续增长和升级。例如，在互联网经济蓬勃发展的时期，大量互联网人才涌入该行业，他们通过创新商业模式、开发新技术和产品，推动了互联网行业的快速扩张和繁荣，带动了相关产业的发展，为经济增长注入了强大动力。而在经济面临下行压力或危机时，人才的作用更加凸显。他们能够通过创新思维和应变能力，帮助企业和社会寻找新的发展机遇和解决方案，化解经济危机带来的风险和挑战。例如，在2008年国际金融危机爆发后，许多企业陷入困境，但一些拥有高素质研发人才和创新管理团队的企业，通过加大研发投入，开发出适应市场需求变化的新产品和服务，成功实现了转型升级，在危机中脱颖而出。同时，人才还能够推动新兴产业的崛起，为经济复苏提供新的增长点。当前，生物医药、远程办公、电子商务等新兴产业迅速发展，这些产业的发展离不开相关领域人才的创新和努力。他们通过技术创新和模式创新，满足了人们的生活和工作需求，为经济的恢复和发展做出了重要贡献。

在从"物本"到"人本"的投资逻辑范式革命中，人力资本的乘数效应正日益成为创新驱动的核心引擎。在数字时代，人的知识、技能与创新能力的价值被无限放大，通过知识溢出和产业关联

等效应，推动着全产业链的价值提升和经济的高质量发展。我国在人力资本发展方面已经取得了显著成就，并且正通过一系列政策举措持续培育创新生态，激发人才的创新活力。在未来的经济发展征程中，我们必须坚定不移地重视人力资本投资，充分发挥人才在创新驱动中的关键作用，让人才成为穿越经济波动、实现经济持续繁荣的坚实保障，为实现中华民族伟大复兴的中国梦提供强大的人才支撑和智力支持。

第三节 全生命周期投资：破解"一老一小"的发展密码

在新时代经济社会发展的壮阔征程中，"投资于人"这一战略理念犹如璀璨星辰，照亮了前行的道路，指引着我们构建覆盖全生命周期的服务体系。从"一老一小"这两个关乎民生福祉与国家长远发展的关键领域的现实痛点切入，深入探究其背后的逻辑，我们会发现这一做法本质上是对人力资本再生产的系统性布局。这种布局不仅蕴含着深厚的人文关怀，更对推动经济高质量发展、实现社会可持续进步有着极为重要的意义。

一、"一老一小"的现实痛点

（一）育儿困境

在当今社会，养育一个孩子的成本日益高昂，成为众多家庭面临的沉重负担。从孩子呱呱坠地前的产检、孕期营养，到出生后的奶粉、尿不湿等日常用品开销，再到教育阶段的学费、课外辅导费等，各项费用不断攀升。以教育为例，在一些大城市，优质的幼儿园每年学费可能高达数万元，而从小学到中学，为了让孩子在学业上取得优势，参加各种课外辅导班、兴趣班的费用更是不菲。许多家庭为了孩子的教育，不得不节衣缩食，甚至背负沉重的债务。

此外，育儿过程中的精力投入也让年轻父母倍感压力。现代社会生活节奏快，年轻父母往往需要兼顾工作与家庭，在繁忙的工作之余，还要承担起照顾孩子的重任，包括日常起居、陪伴学习、接送上下学等。这种身心的双重疲惫，使得一些年轻夫妻对生育望而却步，导致我国生育率持续走低，人口老龄化趋势加剧（见图2-2和图2-3），给未来的劳动力供给和经济发展带来潜在挑战。

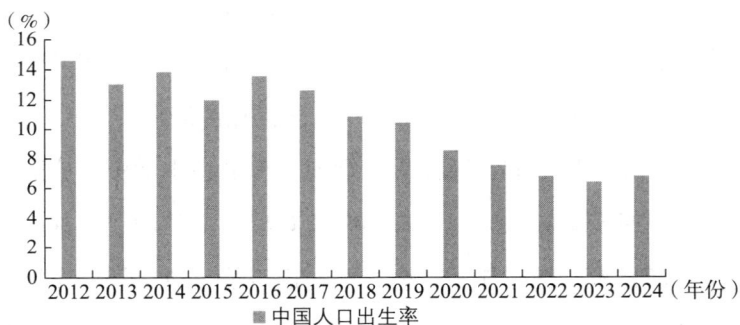

图 2-2 2012—2024 年中国人口出生率

数据来源：中国统计年鉴。

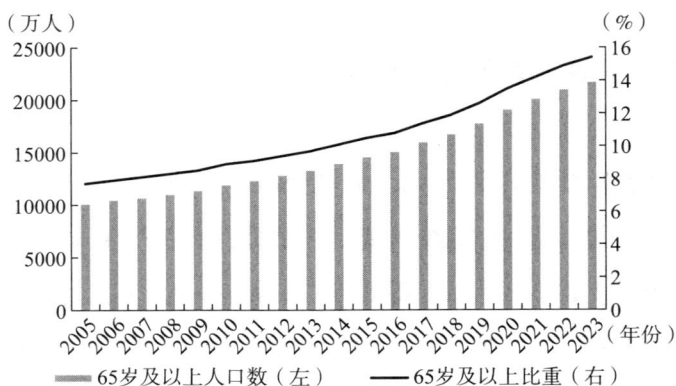

图 2-3 2005—2023 年中国 65 岁以上人口数及占比

数据来源：中国统计年鉴。

（二）养老难题

随着我国人口老龄化程度的不断加深，养老问题日益凸显。一方面，传统的家庭养老模式面临冲击。现代社会中，年轻人工作繁忙，生活压力大，难以全身心地照顾家中老人。许多老人不得不独自生活，缺乏日常的陪伴和照料，精神上的孤独感越发强烈。另一方面，养老服务体系尚不完善。养老机构数量不足，特别是优质的养老机构更是供不应求，导致一些老人难以找到合适的养老场所。同时，现有的养老服务质量参差不齐，部分养老机构设施陈旧、服务人员专业素质不高，无法满足老年人多样化的需求。

此外，随着科技的快速发展，智能化产品在生活中的应用越来越广泛，但对于老年人来说，却面临着难以适应的问题。许多老年人由于对新技术的接受能力较弱，在使用智能手机、智能家居等产品时困难重重，这在一定程度上限制了他们的生活质量和社交范围，也使他们在融入现代社会过程中面临着诸多障碍。

二、育儿补贴政策的深远意义

育儿补贴政策的实施，犹如一场及时雨，为深陷育儿困境的家庭带来了希望。这一政策的首要目标是缓解家庭养育压力，通过提供经济上的支持，让家庭在育儿过程中能够减轻经济负担，更加从容地应对各项开销。例如，一些地方政府为生育二孩、三孩的家庭每月提供一定金额的育儿补贴，用于孩子生活费用、教育费用等的支出。这不仅直接减轻了家庭的经济压力，还传递出政府对生育家庭的关心和支持，增强了家庭生育的信心和意愿。

更为重要的是，育儿补贴政策是在为未来储备创新生力军。孩子是国家的未来和民族的希望，在他们成长过程中给予充足的资源和良好的环境，能够培养出具有创新能力和综合素质的人才。通过育儿补贴，家庭能够为孩子提供更好的教育资源，包括参加各类兴趣班、辅导班等，培养孩子的兴趣爱好和特长，激发他们的创新思维和创造力。从长远来看，这些孩子将成为推动国家科技创新、产业升级和经济发展的重要力量。例如，在一些发达国家，政府通过高额的育儿补贴和完善的育儿福利体系，鼓励家庭生育，并为孩子提供从学前教育到高等教育的优质教育资源，培养出了大量在科技、文化等领域具有卓越成就的人才，为国家的持续发展奠定了坚实的基础。

三、养老服务智能化升级的价值

养老服务的智能化升级是应对人口老龄化挑战的重要举措，其蕴含的价值不可小觑。通过引入先进的智能技术，养老服务得以实现全方位的提升。在生活照料方面，智能家居设备能够实时监测老年人的身体状况，如心率、血压等，一旦出现异常情况，能够及时发出警报并通知相关人员。智能护理设备还可以帮助老年人完成日常的起居活动，如起床、穿衣、洗澡等，减轻护理人员的负担，提高老年人的生活自理能力。

在精神慰藉方面，智能化的社交平台和娱乐设备能够让老年人跨越时空限制，与家人、朋友进行视频通话、互动交流，丰富他们的精神生活。同时，各类智能娱乐产品，如智能电视、智能音响等，能够为老年人提供多样化的娱乐内容，满足他们的兴趣爱好。更为重要的是，养老服务的智能化升级能够释放老年人力资源潜力。一些身体健康、知识丰富的老年人，通过学习和适应智能化设备，能够继续参与社会活动，发挥自己的余热。例如，一些退休教师可以通过在线教育平台为学生授课，一些退休技术人员可以为企业提供技术咨询服务。这不仅让老年人实现了自我价值，也为社会创造了财富，在一定程度上延缓了人口红利的衰减。

四、与 AI 手机产业"生态垄断"路径的类比

将"投资于人"的全生命周期服务体系构建与 AI 手机产业"生态垄断"路径进行类比，我们可以发现其中的相似之处和深刻逻辑。

（一）硬件革新与婴幼儿早期教育投入

在 AI 手机产业中，硬件革新，比如算力的提升，是推动产业发展的基础。强大的算力能够支持手机运行更加复杂的软件和应用，为用户提供更好的体验。同样，在婴幼儿早期教育中，投入大量资源进行教育基础设施建设、师资培养等，就如同为孩子的成长打造强大的"硬件"基础。优质的幼儿园环境、先进的教育设备以及专业的幼儿教师，能够为孩子提供良好的学习和成长环境，激发他们的潜能，促进大脑发育和认知能力提升。例如，一些幼儿园引

入了智能化的教育设备,如互动式电子白板、智能玩具等,通过游戏化的教学方式,让孩子在轻松愉快的氛围中学习知识、培养能力,为他们未来的学习和发展奠定了坚实的基础。

(二)场景重构与适老化改造

AI手机产业通过场景重构,比如智能家居场景的打造,拓展了产品的应用范围和用户体验。在养老服务中,适老化改造同样是对生活场景的重构。通过对老年人居住环境进行改造,如安装无障碍设施、智能安防设备等,能够提高老年人生活的安全性和便利性。同时,打造适合老年人的社交场景、娱乐场景等,比如社区老年活动中心、老年大学等,能够丰富老年人的精神生活,提升他们的生活质量。例如,一些社区通过改造,建设了智能化的老年活动中心,配备了健身器材、图书阅览室、多媒体教室等设施,为老年人提供了休闲娱乐、学习交流的场所,让他们能够更好地融入社会生活。

(三)生态整合与全龄段服务网络构建

AI手机产业通过生态整合,实现跨设备协同,打造出一个完整的生态系统,提升了用户的黏性和忠诚度。在"投资于人"的全生命周期服务体系中,构建全龄段服务网络也是一种生态整合。从婴幼儿的保育服务、儿童的教育服务到成年人的职业培训、就业服务,再到老年人的养老服务,各个阶段的服务相互关联、相互支持,形成一个有机的整体。例如,在一些城市,通过建立综合性的社区服务中心，整合各类资源，为不同年龄段的居民提供一站式的服务。社区内设有幼儿园、学校、图书馆、健身房、养老服务站等设施，居民可以根据自己的需求，在社区内享受到相应的服务，实现了全龄段服务的无缝对接。

五、以"人"为中心的投资决策与良性循环

将"人"的需求置于投资决策的中心，是实现"发展惠民、惠民促发展"良性循环的关键。当我们在制定政策、进行资源配置时，充分考虑不同年龄段人群的需求和利益，能够让发展成果更多、更公平地惠及全体人民。例如，在城市规划中，充分考虑到儿童的游乐需求、老年人的休闲需求，建设更多的公园、绿地、儿童游乐设施和老年活动场所，能够提升居民的生活品质，增强人民群众的获得感、幸福感和安全感。

而人民群众生活品质的提升，又会反过来促进经济社会的发展。当家庭养育压力减轻，生育率提高，未来将会为社会提供更多的劳动力资源，推动经济增长。当老年人能够享受到优质的养老服务，他们的生活质量提高，健康状况改善，能够继续为社会贡献力量，同时也会带动养老等相关产业的发展。例如，在养老服务智能化升级的过程中，催生了一系列新兴产业，如智能养老设备制造、养老服务软件开发、老年护理培训等，为经济增长注入了新的动力。

从"一老一小"的现实痛点出发，构建全生命周期投资体系，是"投资于人"战略的重要实践。通过育儿补贴政策和养老服务智

能化升级等举措,我们不仅能够解决当下的民生问题,更能够为未来的发展奠定坚实的基础。与 AI 手机产业"生态垄断"路径的类比,让我们更加清晰地看到这种投资逻辑的科学性和前瞻性。在未来的发展中,我们必须始终坚持以"人"为中心,不断优化投资决策,推动经济社会实现"发展惠民、惠民促发展"的良性循环,为建设更加美好的社会而不懈努力。

第四节 以人民为中心的发展思想：
构建高质量发展新生态

在人类社会发展的漫漫征途上，发展理念与模式始终处于动态演进之中。当历史的车轮驶入新时代，"投资于人"被赋予了极为重要的使命，其终极目标直指人的全面发展与社会共同富裕。这一目标的达成，意味着必须突破传统 GDP 竞赛所陷入的零和博弈困境，全力转向以"人效"为核心的价值创造体系。在这一深刻的变革进程中，诸多地区的实践探索为我们提供了宝贵的经验与启示，其中杭州高新区（滨江）的发展历程尤为引人注目。

一、传统 GDP 竞赛的困局与突破

长期以来，在全球范围内，GDP 作为衡量经济发展水平的关键指标，主导着各国各地区的发展思路与竞争模式。传统的 GDP 竞赛往往聚焦于经济总量的增长，为了追求更高的 GDP 增速，各地不惜投入大量的资源，包括土地、资本、劳动力等，以推动大规模的基础设施建设、工业产能扩张以及各类产业项目的上马。在这种模式下，虽然在一定时期内能够实现经济总量的快速增长，带来物质财富的积累和城市面貌的改变，但也逐渐暴露出一系列深层次的问题。

一方面,传统 GDP 竞赛呈现出明显的零和博弈特征。各地区为了在竞争中占据优势,纷纷采取各种手段争夺有限的资源,如优惠政策比拼、低价土地出让等。这种过度竞争不仅导致资源配置的低效和浪费,还容易引发恶性竞争,损害整体经济发展环境。例如,一些地方为了吸引投资,不顾自身实际情况和产业发展规律,盲目出台过于优惠的政策,导致部分企业过度依赖政策补贴,缺乏核心竞争力,一旦政策调整,企业便陷入困境。同时,为了追求短期的 GDP 增长,一些地方过度开发资源,对生态环境造成了严重破坏,给可持续发展带来了巨大压力。

另一方面,传统 GDP 竞赛往往忽视了人的发展。在以物质增长为核心的导向下,教育、医疗、文化等关乎人民生活质量和全面发展的领域投入相对不足。劳动者的技能提升、创新能力培养以及身心健康保障等方面得不到足够重视,导致人力资源的潜力未能得到充分挖掘。在这种发展模式下,虽然经济总量在增长,但人民群众的获得感、幸福感和安全感并未得到相应提升,甚至在一些方面还出现了下降。例如,在一些经济快速发展的城市,房价过高、教育资源紧张、医疗服务压力大等问题影响了居民的生活质量。

为了突破传统 GDP 竞赛的困局,实现经济社会的可持续发展,必须转变发展思路,寻找新的发展动力和价值创造体系。以"人效"为核心的发展理念应运而生,它强调人的知识、技能、创新能力以及综合素质在经济发展中的关键作用,将投资重点从单纯的物质资本转向人力资本,通过提升人的效能来推动经济增长和社会进步。

二、杭州高新区（滨江）的成功实践

杭州高新区（滨江）在过去十年间创造了 GDP 翻两番的奇迹，其背后的发展逻辑正是对人才创新生态的持续深耕。在这片充满活力的土地上，从机器人产业的技术突破到数字贸易的模式创新，处处彰显着人力资本与产业升级深度融合的强大力量。

在机器人产业领域，杭州高新区（滨江）汇聚了一大批顶尖的科研人才和创新团队。这些人才具备深厚的专业知识和卓越的创新能力，他们在机器人的核心技术研发方面取得了一系列重大突破。例如，在机器人的智能控制算法、高精度传感器技术、先进材料应用等方面，研发人员不断探索创新，使机器人的性能和智能化水平得到显著提升。同时，当地政府积极搭建产业创新平台，鼓励企业与高校、科研机构开展产学研合作，加速科技成果转化。通过这种方式，机器人产业在杭州高新区（滨江）迅速崛起，形成了完整的产业链，不仅推动了当地经济的快速增长，还提升了我国在全球机器人产业领域的竞争力。

在数字贸易领域，杭州高新区（滨江）同样凭借人才优势实现了模式创新。一批熟悉数字技术、国际贸易规则和市场营销的复合型人才，敏锐地捕捉到数字经济时代贸易模式变革的机遇。他们利用大数据、云计算、人工智能等先进技术，打造了全新的数字贸易平台，实现了贸易流程的数字化、智能化和便捷化。通过这些创新模式，高新区的数字贸易企业能够更好地拓展国际市场，提高贸易效率，降低交易成本。例如，一些企业通过建立跨境电商平台，打破了传统贸易的时空限制，让国内的优质产品能够直接面向全球消费者，同时也为国外的商品进入中国市场提供了便捷通道。这种数字贸易模式的创新，不仅带动了相关产业的发展，还为当地创造了大量的就业机会，提升了居民的收入水平。

杭州高新区（滨江）的实践充分印证了"解放思想就是解放生产力"这一科学论断。正是因为敢于突破传统发展思维的束缚，将人才作为推动发展的核心要素，持续优化人才创新生态，才实现了经济的高速增长和产业的高质量升级。在这个过程中，人力资本的价值得到了充分彰显，人才的创新活力和创造力被有效激发，为构建以"人效"为核心的价值创造体系提供了生动范例。

三、制度创新与技术创新双轮驱动新生态构建

构建以"人效"为核心的高质量发展新生态，离不开制度创新与技术创新的双轮驱动。

（一）制度创新：财税政策引导资源合理配置

制度创新在引导资源流向教育、医疗等民生领域方面发挥着关键作用。财税政策作为重要的宏观调控手段，能够通过税收优惠、财政补贴等方式，激励社会资源向这些关乎人民福祉和人力资本提升的领域倾斜。例如，在教育领域，政府可以通过加大财政投入，改善学校的办学条件，提高教师的待遇，吸引更多优秀人才投身教育事业。同时，对企业开展的职工培训、教育科技研发等活动给予税收优惠，鼓励企业重视员工的技能提升和创新能力的培养。在医

疗领域，政府可以通过财政补贴支持医疗卫生机构的建设和设备更新，提高医疗服务的可及性和质量。对社会资本投入医疗卫生事业给予政策支持，鼓励多元化的医疗服务供给。此外，通过税收政策调节收入分配，缩小贫富差距，为实现社会共同富裕创造条件。例如，对高收入群体适当提高税率，对低收入群体给予税收减免或补贴，促进社会公平。

（二）技术创新：数字治理优化公共服务供给效率

随着信息技术的飞速发展，数字治理成为优化公共服务供给效率的重要手段。借助大数据、云计算、人工智能等先进的数字技术，政府能够更加精准地了解人民群众的需求，优化公共服务的供给流程和方式。在公共服务领域，通过建立一体化的数字服务平台，实现政务服务、医疗服务、教育服务等各类公共服务的线上化、智能化。例如，居民可以通过手机 App 或政务网站便捷地办理各类政务事项，查询医疗健康信息，获取教育资源等。同时，利用大数据分析技术，政府能够对公共服务的需求进行预测和分析，提前做好资源调配和服务规划。例如，通过分析居民的就医数据，合理安排医院的床位、医护人员等资源，提高医疗服务的效率和质量。在城市管理方面，数字技术的应用也能够提升城市运行的智能化水平，改善居民的生活环境。例如，通过智能交通系统优化交通流量，缓解城市拥堵；通过环境监测系统实时掌握环境质量状况，及时采取环保措施等。这种从"经验驱动"向"数据驱动"、从"供给导向"向"需求导向"的转变，充分体现了以技术手段践行以人民为中心的发展思想。

四、从"物的现代化"向"人的现代化"回归

在人类社会发展的进程中，现代化的内涵不断丰富和深化。早期的现代化往往侧重于物质层面的发展，如工业化、城市化、基础设施建设等，追求"物的现代化"。然而，随着时代的发展，人们逐渐认识到，现代化的核心应该是"人的现代化"。"人的现代化"不仅包括人的物质生活水平的提高，更涵盖人的思想观念、知识技能、创新能力、社会交往等方面的全面发展。

以人民为中心的发展思想，正是推动从"物的现代化"向"人的现代化"回归的重要指引。通过构建以"人效"为核心的高质量发展新生态，注重人的全面发展和社会共同富裕，让发展成果更多、更公平地惠及全体人民。在这个过程中，教育、医疗、文化等领域的发展得到重视，人民群众的综合素质得到提升，创新能力和创造力得到激发。同时，社会治理模式的创新，使得公共服务更加贴近人民群众的需求，人民群众在社会发展中的主体地位得到充分体现。

当社会治理从"经验驱动"转向"数据驱动"、从"供给导向"转向"需求导向"，实际上是运用技术手段更好地满足人民群众的需求，促进人的全面发展。例如，在教育领域，通过在线教育平台和智能教育技术，能够根据学生的个性化需求提供定制化的教育服务，促进学生的自主学习和全面发展。在医疗领域，远程医疗、智慧医疗等技术的应用，能够让偏远地区的患者享受到优质的医疗服务，提高全民的健康水平。这种以人民为中心的发展思想，最终实现了从单纯追求物质增长向注重人的全面发展的本质回归。

五、"投资于人"的时代意义与哲学思考

在人工智能等新兴技术深刻重塑人类文明的历史节点，"投资于人"具有极其重要的时代意义和深远的哲学价值。

从经济层面来看，技术革命在带来巨大发展机遇的同时，也带来了诸多不确定性。人工智能、自动化技术的广泛应用，可能会导致部分传统岗位的消失，引发就业结构的调整和社会经济的波动。然而，通过持续加大对人力资本的投资，提升人的知识技能和创新能力，能够增强人们应对技术变革的能力，创造新的就业机会和产业形态。例如，随着人工智能技术的发展，数据分析师、人工智能工程师、智能产品设计师等新兴职业不断涌现，这些职业需要具备高素质的专业人才。只有通过长期的教育培养和培训，才能满足这些新兴产业对人才的需求，以人力资本的持续积累对冲技术革命的不确定性，推动经济的持续健康发展。

从哲学层面思考，"投资于人"体现了对人类自身价值的尊重和追求。人类文明的进步不仅是物质财富的积累，更是人的思想、道德、文化等精神层面的提升。以人的全面发展破解增长极限的困局，意味着我们不能仅仅依赖物质资源的投入来推动发展，而要更加注重人的创造力和智慧的发挥。在范式革命的浪潮中，只有坚持"投资于人"，将人的发展置于首位，才能确保技术进步服务于人类的福祉，实现经济、社会、环境的协调发展，书写属于中国的现代化新篇章。

以人民为中心的发展思想引领着我们构建高质量发展新生态，从突破传统 GDP 竞赛困局，到借鉴杭州高新区（滨江）的成功实

践，再到通过制度创新与技术创新双轮驱动，实现从"物的现代化"向"人的现代化"回归，以及在技术革命背景下彰显"投资于人"的时代意义和哲学价值，这一系列探索与实践为我国实现人的全面发展与社会共同富裕指明了方向。在未来的发展道路上，我们必须坚定不移地贯彻以人民为中心的发展思想，持续加大"投资于人"的力度，为推动中华民族伟大复兴的中国梦的实现奠定坚实的基础。

第三章

政策矩阵：

全生命周期的系统性布局

——从"生老病死"到"全链条赋能"

第一节 教育公平与全周期能力
培养体系

在新时代经济社会发展的宏大格局中，教育始终占据着基础性、先导性、全局性的战略地位。聚焦教育资源的全链条布局，强化教育公平与人力资本积累的长期价值，构建完善的全周期能力培养体系，不仅是推动个体全面发展、实现社会公平正义的关键路径，更是提升国家综合实力、应对全球竞争挑战的核心举措。这一体系涵盖从儿童早期智力开发到中青年技能迭代，再到老年知识更新的各个阶段，全方位、多层次地为不同年龄段人群赋能，为经济社会的可持续发展注入源源不断的动力。

一、教育公平：社会公平的基石

教育公平是社会公平的重要基础，关乎每一个孩子的成长与未来，关乎国家和民族的前途命运。在我国，教育公平始终是党和政府高度关注的重要议题，是推动教育事业发展的核心价值追求。然而，长期以来，受经济发展水平、地理区位等多种因素影响，我国教育资源在区域、城乡、校际之间存在不均衡的现象，制约了教育公平的实现和教育质量的整体提升。

在区域层面，东部发达地区与中西部欠发达地区在教育投入、师资力量、教学设施等方面存在一定差距。东部地区经济发达，能够投入更多资金用于教育事业，建设现代化的学校，吸引优秀人才任教，教育资源相对丰富。而中西部地区由于经济相对落后，教育投入有限，许多学校基础设施陈旧，师资队伍不稳定，优秀教师流失。这种区域间的教育资源差距，导致中西部地区学生接受优质教育的机会相对较少，在升学、就业等方面面临着更大的竞争压力。

在城乡层面，城市与农村的教育差距同样显著。城市学校通常拥有先进的教学设备、丰富的课程资源和优质的师资队伍，能够为学生提供多样化的学习体验和个性化的教育服务。相比之下，农村学校在硬件设施和软件资源方面都相对匮乏。一些农村学校甚至缺乏基本的教学仪器、实验设备和图书资料，教师数量不足且年龄结构老化，教学方法相对传统，难以满足学生日益增长的学习需求。城乡教育差距不仅影响了农村学生的学业成绩和综合素质提升，也加剧了城乡发展的不平衡。

在校际层面，优质学校与薄弱学校之间的差距也较为突出。在一些地方，由于历史原因和政策倾斜，少数学校集中了大量的优质教育资源，成为家长和学生竞相追逐的对象，形成了"择校热"现象。而一些薄弱学校则因资源匮乏、教学质量不高，面临生源不足、发展困境等问题。这种校际间的教育资源不均衡，不仅造成了教育资源的浪费，也影响了教育公平的实现，使得部分学生无法享受到公平而有质量的教育。

为了破解教育资源不均衡的难题，实现教育公平，我国采取了一系列有力措施。在政策制定方面，国家出台了一系列向中西部地区、农村地区和薄弱学校倾斜的教育政策，加大对这些地区和学校的教育投入。[①] 例如，实施"中西部农村义务教育薄弱学校改造计划"，投入大量资金改善中西部农村学校的办学条件，包括新建和改造校舍、配备教学仪器设备、加强信息化建设等。同时，通过"国培计划"等项目，加大对中西部地区和农村地区教师的培训力度，提高教师的专业素养和教学能力。在资源分配领域，应致力于推动教育资源的均衡分布，通过构建城乡学校间的结对帮扶体系、推行校长和教师的交流轮岗制度等策略，实现优质教育资源的共享与流通。举例来说，某些城市的优秀学校与乡村学校建立了帮扶关系，定期进行教学交流，共享教育资源和管理智慧，助力乡村学校提高教育水平。同时，借助远程教育的发展和在线教育平台的建设，打破空间和时间的限制，使边远地区的学生也能获得优质的教育资源。

二、基础教育资源的优化配置

基础教育是教育体系的基石，是培养人才的奠基工程。优化基础教育资源配置，对促进教育公平、提高教育质量、培养德智体美劳全面发展的社会主义建设者和接班人具有重要意义。

在学前教育阶段，重点是扩大普惠性学前教育资源供给，解决"入园难""入园贵"的问题。近年来，我国显著增加了对学前教育的财政支持，通过新建和改扩建幼儿园，以及支持普惠性民办幼儿园的发展，有效扩充了学前教育的学位容量。同时，加强了学前教育师资队伍的建设，提升了教师的薪酬待遇，规范了幼儿园的运营

---

① 赵杰.农村义务教育学校布局调整政策：变迁、反思与展望［J］.教育发展研究，2013（8）：8.

行为，从而提高了学前教育的整体质量。例如，一些地方政府通过财政补贴和购买服务等措施，支持民办幼儿园提供普惠性教育服务，减轻了家庭的经济负担。同时，加强对幼儿园教师的培训和管理，提高教师的专业水平和职业道德素养，确保幼儿能够在良好的环境中接受优质的学前教育。

在义务教育阶段，着力推进城乡义务教育一体化发展，缩小城乡、校际之间的差距。一方面，加强农村义务教育学校标准化建设，改善学校的基础设施和教学条件。按照国家义务教育学校建设标准，对农村学校的校舍、操场、实验室、图书馆等进行改造和完善，确保农村学生能够享受到与城市学生同等的教育设施。另一方面，推动义务教育学校的均衡发展，通过科学划分学区、实施多校划片招生等策略，促进优质教育资源的公平分配。同时，加大对薄弱学校的支持力度，通过派遣优秀校长和教师进行支教、开展城乡学校结对帮扶等措施，提升薄弱学校的教育质量。例如，一些城市采用义务教育学校集团化办学模式，以优质学校为核心，带动周边薄弱学校共同进步，实现资源共享和优势互补，从而提升区域内义务教育的整体水平。

在高中教育阶段，注重推动高中教育多样化发展，满足不同学生的发展需求。除了传统的普通高中外，还积极发展职业高中、综合高中等多种类型的高中教育。普通高中致力于提升教育品质，强化课程体系与教学方法的革新，旨在激发学生的创新思维和实践能力。而职业高中则紧密对接市场趋势，设计相关专业课程，着重培养学生的职业技能和就业竞争力。综合高中则融合了普通高中和职业高中的课程特点，为学生提供多样化的学习选择。例如，一些地区的综合高中开设了普高课程和职业技能课程，学生可以根据自己的兴趣和特长选择学习方向，既可以参加普通高考升入大学，也可以通过技能考核进入职业院校或直接就业。

三、职业教育与产业需求的衔接

职业教育作为与经济社会发展联系最紧密、最直接的教育类型，在培养高素质技术技能人才、促进就业创业、推动产业升级等方面发挥着重要作用。然而，当前我国职业教育与产业需求之间还存在一定程度的脱节现象，导致"结构性失业"与"技能鸿沟"问题较为突出。一方面，部分职业院校培养的学生技能水平与企业实际需求不匹配，企业难以招聘到符合岗位要求的技术技能人才；另一方面，一些劳动者由于缺乏职业技能，无法适应产业结构调整和技术升级带来的就业变化，面临失业风险。

为了破解职业教育与产业需求脱节的难题，我国积极推进产教融合、校企合作，实现职业教育与产业发展的深度融合。在政策支持方面，国家出台了一系列鼓励产教融合的政策文件，明确了企业参与职业教育的责任和义务，为产教融合提供了政策保障。例如，《国家产教融合建设试点实施方案》提出，要通过建设产教融合型城市、行业、企业，打造一批产教融合示范项目，推动形成产教融合发展新格局。在实践探索方面，各地积极开展产教融合试点工作，创新产教融合模式。一些地方政府与企业合作，共建产业学院，根据产业需求设置专业课程，实现人才培养与产业需求的精准对接。例如，一些地区政府与当地的汽车制造企业合作，共建汽车产业学院，开设汽车制造与装配技术、汽车检测与维修技术等专业，企业为学院提供实习实训设备和师资支持，学院为企业定向培养高素质技术技能人才。同时，职业院校加强与企业的合作，通过订单式培养、现代学徒制等方式，提高人才培养质量。例如，一些职业院校与企业签订订单培养协议，根据企业的岗位需求制订人才培养方案，学生毕业后直接进入企业就业。在现代学徒制试点中，职业院校与企业共同制订人才培养计划，学生在学校学习理论知识，在企业跟随师傅进行实践操作，实现了工学结合、知行合一。[①]

此外，为了提升职业教育的吸引力和社会认可度，我国还加强了职业教育师资队伍建设，提高教师的实践教学能力。通过选派教师到企业实践锻炼、聘请企业技术骨干和能工巧匠担任兼职教师等方式，打造了一支高素质、双师型的职业教育师资队伍。同时，完善职业教育评价体系，建立以职业能力为核心的评价标准，注重对学生实践能力和职业素养的考核评价。通过这些措施，推动职业教育质量不断提升，为产业升级和经济社会发展提供有力的人才支撑。

四、社区化终身学习平台的构建

随着知识经济时代的到来和社会的快速发展，终身学习已成为人们适应社会变化、提升自身素质的必然选择。构建社区化终身学习平台，为不同年龄段的人群提供便捷、灵活的学习机会，实现从儿童早期智力开发到中青年技能迭代、老年知识更新的全周期覆

---

① 毋磊，周蕾，马银琦.高质量职业本科人才培养模式的现实向度与行动路径——基于 21 所职业技术大学教育质量报告的文本分析 [J].中国高教研究，2023（5）：101–108.

盖，对促进人的全面发展、建设学习型社会具有重要意义。

在儿童早期智力开发方面，社区可以与幼儿园、早教机构等合作，开展丰富多彩的亲子活动、早教课程和科普活动，激发儿童的学习兴趣和潜能。例如，一些社区设立了儿童活动中心，定期举办亲子手工制作、绘本阅读、科学实验等活动，为家长和孩子提供了互动学习的平台。同时，社区还可以邀请教育专家开展育儿讲座，为家长提供科学育儿指导，帮助家长更好地陪伴孩子成长。

在中青年技能迭代方面，社区可以根据当地产业发展需求和居民就业需求，开设各类职业技能培训课程。社区通过与职业院校、培训机构合作，为中青年居民提供实用的职业技能培训，帮助他们提升就业竞争力和职业发展能力。例如，在一些制造业发达的地区，社区与当地的职业院校合作，开设了数控加工、电工电子、焊接技术等职业技能培训班，吸引了大量中青年居民参加培训。通过培训，学员们掌握了实用的职业技能，能够更好地适应企业的岗位需求，实现了稳定就业和职业晋升。

在老年知识更新方面，社区能够为长者提供多元化的学习项目和活动，以丰富他们的精神文化生活，提升生活品质。在社区设立老年大学，提供书法、绘画、音乐、舞蹈、计算机等课程，以满足长者的兴趣和学习需求。同时，组织长者参与各种文化活动和志愿服务，使他们在学习和参与社会活动中实现自我价值。例如，某些社区的老年大学会组织长者进行文艺表演和书画展览，展示他们的学习成果和精神风采。此外，还鼓励老年人参与社区治理，发挥他们的经验和智慧，为社区发展贡献力量。

为了保障社区终身学习平台的有效运行，需要加强资源整合和信息化建设。整合社区内的教育资源、文化资源、人力资源等，形成共建共享的良好局面。利用互联网、移动终端等信息技术手段，搭建线上学习平台，为居民提供便捷的在线学习服务。例如，一些社区开发了手机 App，居民可以通过 App 随时随地学习课程、参与活动、交流互动。同时，建立学习成果认证和激励机制，对居民的学习成果进行认证和表彰，激发居民的学习积极性和主动性。

五、"双减"政策与教育投入的转化

"双减"政策的出台，是我国教育领域的一项重大改革举措，旨在有效减轻义务教育阶段学生过重的作业负担和校外培训负担，促进学生全面发展、健康成长。这一政策的实施，对优化教育生态、促进教育公平、提升教育质量具有重要意义。同时，"双减"政策也为教育投入的合理转化提供了新的契机。

在"双减"政策背景下，教育投入更加注重提高教育质量和促进学生全面发展。一方面，加大对学校教育教学改革的投入，推动学校优化课程设置、创新教学方法、提高课堂教学效率。例如，一些学校利用财政投入，开展基于项目的学习、跨学科教学等教学改革实践，培养学生的创新思维和实践能力。同时，加强学校课后服务能力建设，丰富课后服务内容，满足学生多样化的学习需求。通过政府购买服务、引入社会资源等方式，为学生提供体育、艺术、科技等方面的课后服务课程，促进学生综合素质的提升。另一方面，引导社会资本合理投向教育领域，支持教育创新和教育公平。鼓励社会资本参与教育信息化建设、职业教育发展、社区教育服务等领域，为教育事业的发展提供多元化的支持。例如，一些企业通过投资建设在线教育平台、开发教育软件等方式，为学生提供优质的在线学习资源。同时，社会资本还可以参与职业教育实训基地建设、社区教育活动开展等，促进教育资源的优化配置。

通过"双减"政策的实施和教育投入的合理转化，教育投入能够更好地转化为创新力与生产力。在创新力培养方面，减轻学生过重的学业负担，为学生提供了更多的自主学习和创新实践时间，有利于激发学生的创新思维和创造力。例如，在一些学校开展的科技创新活动中，学生们得以拥有更多的时间和精力投身于科研项目、发明创造等活动，从而培养了创新能力和实践技能。在提升生产力方面，通过加强职业教育与产业需求的对接，培育出更多符合产业发展需求的高素质技术技能人才，为经济社会的进步提供了坚实的人才支持。同时，通过建立社区化的终身学习平台，提升劳动者的职业技能和综合素质，促进了劳动生产率的增长。例如，一些企业通过组织员工参与社区职业技能培训，不仅提升了员工的技能水平，还显著提高了企业的生产效率和产品质量。

教育公平与全周期能力培养体系的构建，是一项系统而长期的工程。通过优化基础教育资源配置、完善职业教育与产业需求衔接、构建社区化终身学习平台，实现从儿童早期智力开发到中青年技能迭代、老年知识更新的全周期覆盖，能够有效解决"结构性失业"与"技能鸿沟"问题，将教育投入转化为创新力与生产力，呼应"人才培养从'小'抓起"的战略导向。在未来的发展中，我们必须坚定不移地推进教育改革，加大教育投入，促进教育公平，为实现中华民族伟大复兴的中国梦培养更多德智体美劳全面发展的高素质人才。

第二节　健康中国与全龄化服务网络

在新时代中国特色社会主义事业蓬勃发展的进程中，健康，作为人民幸福生活的基石，国家繁荣昌盛的前提，被提升到了前所未有的战略高度。"健康中国"战略的提出，承载着党和国家对人民健康的深切关怀，彰显了以"人民为中心"的发展思想。构建覆盖全龄段的健康服务网络，围绕医疗资源下沉与健康服务体系重构，制订涵盖妇幼保健、职业病防治、慢性病管理、安宁疗护等全方位的全龄健康方案，这不仅是满足人民群众日益增长的健康需求的必然选择，更是推动经济社会可持续发展的关键举措。

一、医疗资源现状与挑战

长期以来，我国医疗资源分布不均的问题突出。优质医疗资源主要集中在大城市的大型医院，而基层医疗卫生机构则面临着基础设施落后、医疗设备老化、专业人才短缺等挑战。这种资源分配的不平衡引发了一系列问题。一方面，大型医院拥挤不堪，患者就医排队时间长，看病难的问题一直存在。据统计，在一些大型三甲医院，部分热门科室甚至需要提前数周预约挂号。另一方面，基层医疗卫生机构门可罗雀，资源闲置浪费，无法充分发挥其应有的作用。例如，一些偏远地区的乡镇卫生院，由于缺乏专业的医生和必要的医疗设备，一些疾病无法得到有效诊治，居民不得不长途跋涉前往大医院就医，增加了就医成本和负担。

此外，随着我国人口老龄化进程的加速，慢性疾病的发病率逐年上升，老年人口对健康服务的需求日益多样化和个性化。同时，工业化和城市化的快速发展也带来了一系列职业病防治问题。然而，现有的健康服务体系在应对这些新挑战时，显得力不从心。传统的医疗服务模式侧重于疾病的治疗，而忽视了疾病的预防和健康管理，导致医疗成本不断攀升，医疗资源利用效率低下。因此，推动医疗资源下沉，重构健康服务体系，构建全龄化服务网络，已成为当务之急。

二、全龄健康方案的构建

（一）妇幼保健

妇幼健康是全民健康的基石，关乎家庭幸福和民族未来。在妇幼保健方面，应加强基层妇幼保健机构建设，提高服务能力。加大对基层妇幼保健机构的资金投入，改善基础设施和医疗设备条件。例如，为乡镇卫生院和社区卫生服务中心配备先进的妇产科检查设备、新生儿急救设备等。同时，加强妇幼保健专业人才培养，通过定向培养、在职培训等方式，提高基层妇幼保健人员的专业素质。例如，实施农村订单定向医学生免费培养项目，为基层医疗卫生机构定向培养妇产科、儿科等专业人才。

此外，要强化母婴健康管理，从孕前、孕期到产后，为妇女和儿童提供全方位的健康服务。开展孕前优生健康检查，普及孕期保健知识，加强孕期营养指导和心理疏导。推广无创产前基因检测、新生儿疾病筛查等先进技术，提高出生人口素质。在产后，加强母婴同室护理和母乳喂养指导，开展产后康复服务，促进产妇身体恢复。例如，一些地区的妇幼保健机构建立了产后康复中心，为产妇提供盆底康复、乳腺疏通等服务，受到了产妇的广泛好评。

（二）职业病防治

随着工业化进程的加速，职业病已成为威胁劳动者健康的重要问题。在职业病防治方面，需强化相关法律法规的宣传与执行，提升企业的职业病防治意识。推动企业履行职业病防治的主体责任，加强工作场所职业病危害因素的监测与治理。例如，要求企业定期对工作场所进行职业病危害因素检测，并向劳动者公布检测结果。同时，加强职业病诊断与治疗机构建设，提升职业病诊断和治疗的能力。增加对职业病防治专业人才培养的投入，建立和完善职业病防治专家库，为职业病诊断和治疗提供技术支持。

此外，要推进职业病防治信息化建设，实现职业病监测、诊断、治疗等信息的互联互通。通过建立职业病防治信息系统，及时掌握职业病发病情况，为制定防治政策提供科学依据。例如，一些地区利用大数据技术，对职业病相关数据进行分析，可以发现某些行业、企业的职业病发病趋势，及时采取针对性的防控措施，有效降低了职业病的发病率。

（三）慢性病管理

慢性疾病已构成我国民众健康的主要挑战，其发病率高、病程持久、医疗成本昂贵，对个人、家庭及社会造成了沉重的经济与心理压力。在慢性病管理方面，要建立健全慢性病防治体系，加强基层医疗卫生机构的慢性病管理能力。通过开展慢性病防治知识培训，提高基层医务人员的慢性病诊疗水平。例如，组织基层医务人员参加高血压、糖尿病等慢性病防治培训班，学习最新的诊疗指南和管理方法。同时，推广慢性病分级诊疗制度，引导患者合理就医。明确各级医疗机构在慢性病诊疗中的职责，基层医疗卫生机构负责慢性病的日常管理和随访，上级医疗机构负责疑难病症的诊治和转诊。

此外，要利用信息化手段，加强慢性病患者的健康管理。通过建立慢性病患者健康管理信息系统，实现对患者的实时监测、随访和评估。例如，患者可以通过手机 App 上传自己的血压、血糖等健康数据，基层医务人员可及时进行分析和指导。同时，推进慢性病防控的宣传教育，增强居民的健康意识及自我管理能力。通过组织健康讲座、分发宣传材料等途径，向居民普及慢性病防控知识，推广健康的生活习惯。

（四）安宁疗护

安宁疗护是为疾病终末期患者提供的一种特殊医疗服务，旨在提高患者的生命质量，减轻患者和家属的痛苦。在安宁疗护方面，要加强安宁疗护机构建设，完善安宁疗护服务体系。鼓励社会力量举办安宁疗护机构，支持综合医院、专科医院、基层医疗卫生机构开设安宁疗护病房或床位。例如，一些地方政府出台政策，对社会力量举办的安宁疗护机构给予资金补贴和政策支持。同时，加强安宁疗护专业人才培养，提高安宁疗护服务水平。开展安宁疗护专业培训，培养一批具备医学、心理学、社会学等多学科知识的专业人才。

此外，要加强对安宁疗护的宣传推广，转变社会观念，让更多的人了解和接受安宁疗护。通过开展宣传活动，消除人们对安宁疗护的误解和偏见，让患者和家属认识到安宁疗护不是放弃治疗，而是一种更加人性化的医疗服务。例如，一些地区通过举办安宁疗护主题的公益活动，邀请患者家属分享经验，提高了社会对安宁疗护的认知度和认可度。

三、分级诊疗实践与数字医疗创新

（一）分级诊疗实践

分级诊疗制度是优化医疗资源配置、提高医疗服务效率的重要举措。在分级诊疗实践中，各地积极探索，形成了多种有效的模式。例如，一些地区建立了医联体，以大型医院为龙头，联合基层医疗卫生机构、专科医院等，实现医疗资源的共享和协同发展。在医联体模式下，大型医院负责疑难病症的诊治，基层医疗卫生机构负责常见病、多发病的诊疗和慢性病的管理，患者在不同层级医疗机构之间有序转诊。通过医联体建设，实现了医疗资源的下沉，提高了基层医疗卫生机构的服务能力，缓解了大医院的就医压力。

此外，一些地区还推行了家庭医生签约服务，为居民提供个性化的健康管理服务。家庭医生团队由基层医务人员、上级医院专家等组成，为签约居民提供疾病诊疗、健康咨询、预防保健等服务。通过家庭医生签约服务，居民可以享受到便捷、连续的医疗服务，提高了居民的健康水平和就医满意度。当家庭医生签约服务覆盖率提高时，居民的健康意识也会随之提高。

（二）数字医疗创新

随着信息技术的飞速发展，数字医疗已成为推动健康服务体系创新的重要力量。在数字医疗创新方面，各地积极探索，取得了一系列成果。例如，一些地区建立了互联网医院，患者可以通过互联网平台与医生进行远程问诊、复诊，开具电子处方，实现药品配送上门等服务。互联网医院的建设，打破了时间和空间的限制，方便了患者就医，提高了医疗服务的可及性。同时，利用大数据、人工智能等先进的技术，开展疾病预测、智能诊断等应用。例如，通过对大量医疗数据的分析，建立疾病预测模型，提前预测疾病的发生风险，为患者提供预防建议。在智能诊断方面，利用人工智能技术辅助医生进行疾病诊断，提高诊断的准确性和效率。

此外，数字医疗还在医疗设备智能化、健康管理信息化等方面取得了进展。例如，一些智能医疗设备可以实时监测患者的生命体征，并将数据上传至云端，医生可以通过手机或电脑随时查看患者的健康状况。同时，通过建立居民健康档案信息系统，实现了居民健康信息的互联互通，为医生提供全面、准确的患者健康信息，提高了医疗服务的质量和效率。

四、基层中医馆建设、家庭医生签约制、适老化健康社区改造等政策的作用

（一）基层中医馆建设

基层中医馆建设是推动中医药服务下沉、提升基层医疗卫生机构服务能力的重要举措。通过建设基层中医馆，为居民提供便捷的中医药服务，包括中医诊疗、针灸推拿、中药调理等。基层中医馆的建设，不仅丰富了基层医疗卫生机构的服务内容，提高了居民对中医药的可及性，还发挥了中医药在预防保健、慢性病管理等方面的独特优势。例如，在一些基层中医馆，开展了中医治未病的服务，通过中医体质辨识，为居民提供个性化的养生保健方案，受到了居民的欢迎。同时，基层中医馆还可以与上级中医医院建立合作关系，通过远程会诊、专家坐诊等方式，提高基层中医诊疗水平。

（二）家庭医生签约制

家庭医生签约制已在全国范围内广泛推行，成为构建全龄化健康服务网络的重要一环。家庭医生团队以基层医疗卫生机构为依托，为已签约居民提供全方位的健康管理服务。在妇幼保健方面，

家庭医生可以为孕产妇提供孕期保健指导、产后访视等服务；在慢性病管理方面，家庭医生可以为慢性病患者制订个性化的治疗方案，定期随访和监测病情；在职业病防治方面，家庭医生可以为劳动者提供职业健康咨询和指导。通过家庭医生签约制，实现了医疗服务从"以疾病为中心"向"以健康为中心"的转变，提高了居民的健康意识和自我管理能力，有效降低了社会医疗成本。

（三）适老化健康社区改造

随着人口老龄化的加剧，适老化健康社区改造对提升老年人的生活质量和健康水平具有重要意义。适老化健康社区改造包括对社区基础设施、公共服务设施等进行适老化设计和改造，如设置无障碍通道、安装扶手、建设老年活动中心等。同时，在社区内开展健康服务，如建立社区卫生服务站、开展老年健康讲座、组织健康体检等。通过适老化健康社区改造，为老年人提供了一个安全、舒适、便捷的生活环境，促进了老年人的身心健康。例如，在一些适老化健康社区，通过开展老年健康管理服务，老年人的慢性病知晓率和控制率明显提高，跌倒等意外事故发生率显著降低。

五、"预防性健康投资"的经济效益

（一）青少年脊柱侧弯筛查

青少年脊柱侧弯是一种常见的脊柱畸形疾病，如不及时发现和治疗，会对青少年的身心健康造成严重影响，甚至导致成年后劳动力损耗。通过开展青少年脊柱侧弯筛查，能够在早期发现疾病，及时进行干预和治疗。例如，一些地区在中小学校开展脊柱侧弯筛查工作，利用先进的筛查技术和设备，对学生进行定期筛查。一旦发现脊柱侧弯患者，及时安排专业医生进行诊断和治疗，通过佩戴支具、康复训练等方式，有效控制病情发展。据统计，经过早期干预和治疗，大部分青少年脊柱侧弯患者的病情得到了有效控制，避免了成年后因脊柱侧弯导致的劳动力丧失，减轻了社会经济负担。

（二）老年认知症早筛

老年认知症，如阿尔茨海默病等，是一种严重影响老年人生活质量的疾病。随着我国人口老龄化的加剧，老年认知症的发病率呈上升趋势，给家庭和社会带来了沉重的照护压力。通过开展老年认知症早筛，能够在早期发现患者，及时进行干预和治疗，延缓病情发展。例如，一些地区利用人工智能技术，开发了老年认知症早期筛查工具，通过对老年人的认知功能进行评估，在早期发现潜在的认知症患者。对于早期发现的患者，通过药物治疗、认知训练等方式，延缓病情恶化，提高患者的生活自理能力。研究表明，通过老年认知症早筛和早期干预，能够有效延缓病情发展，减少患者需要长期照护的时间，降低社会照护成本。

健康中国与全龄化服务网络的构建，是一项复杂而系统的工程。通过推动医疗资源下沉，重构健康服务体系，实施全龄健康方案，开展分级诊疗实践与数字医疗创新，推进基层中医馆建设、家庭医生签约制、适老化健康社区改造等政策，以及重视"预防性健康投资"，能够有效降低社会医疗成本，提高人民群众的健康水平，体现"在惠民中发展"的良性循环逻辑。在未来的发展中，我们要坚定不移地推进健康中国建设，不断完善全龄化服务网络，为人民群众的健康福祉保驾护航，为经济社会的可持续发展提供坚实的健康保障。

第三节　就业扩容与收入分配改革

在经济社会发展的宏大蓝图中，就业与收入分配宛如两颗璀璨的明珠，不仅关乎每一个劳动者的切身福祉，更深刻影响着国家经济的稳健前行与社会的和谐稳定。以就业质量提升为核心，积极探索新业态劳动权益保障、灵活就业社保创新、技能认证体系标准化等改革路径，同步推进二次分配改革，对于释放不同年龄群体的生产力，推动"居民收入与经济增长同步"目标的实现，具有举足轻重的战略意义。

一、就业质量提升的紧迫性与重要性

就业，乃民生之本，是人民群众获得收入、实现自身价值的关键途径。然而，在经济结构加速调整、科技变革日新月异的当下，就业领域正面临着诸多新挑战与新问题，就业质量的提升显得尤为紧迫。传统产业在转型升级过程中，部分岗位出现流失，而新兴产业对劳动者的技能要求又大幅提高，导致结构性失业问题越发突出。同时，随着互联网技术的广泛应用，以平台经济、共享经济为代表的新业态蓬勃发展，催生了大量新的就业形态，如外卖骑手、网约车司机、网络主播等。这些新业态在创造大量就业机会的同时，也带来了劳动权益保障、职业发展等方面的新课题。在此背景下，单纯追求就业数量的增长已难以满足人民群众对美好生活的向往，必须将提升就业质量置于更加突出的位置。

提升就业质量，不仅能够增强劳动者的获得感、幸福感和安全感，还对经济发展具有强大的推动作用。高质量的就业意味着劳动者能够在工作中充分发挥自身才能，实现人岗匹配，从而提高劳动生产率，促进企业创新发展。当劳动者收入稳定、职业前景良好时，其消费能力和消费信心也会相应提升，进而拉动内需，为经济增长注入持续动力。此外，良好的就业质量有助于营造和谐稳定的社会环境，减少社会矛盾和冲突，为经济社会发展创造有利条件。

二、新业态劳动权益保障

新业态的快速发展，改变了传统的就业模式和劳动关系，给劳动权益保障带来了新的挑战。与传统劳动关系相比，新业态下的劳动者往往工作时间灵活、工作地点不固定，与平台企业之间的劳动关系较为模糊。这导致劳动者在劳动报酬、工作时间、休息休假、社会保险等方面的权益容易受到侵害。例如，部分外卖骑手为了完成订单任务，每天工作时间长达 10 小时，且难以享受到法定节假日的休息权利；一些网约车司机在平台抽成较高的情况下，实际收入不稳定，且缺乏必要的社会保险保障。

为了保障新业态劳动者的合法权益，必须加强制度创新和政策供给。首先，要明确新业态劳动关系的认定标准，根据不同的业务模式和劳动特点，合理界定劳动者与平台企业之间的法律关系。对于符合劳动关系特征的，应依法签订劳动合同，明确双方的权利义务；对于不完全符合劳动关系特征但劳动者权益需要保护的，可通过制定专门的法律法规或政策文件，明确平台企业的责任和义务，为劳动者提供必要的劳动权益保障。其次，要完善劳动报酬保障机制。建立健全与新业态相适应的工资支付制度，规范平台企业的抽成比例和定价机制，确保劳动者能够获得合理的劳动报酬。例如，一些地方政府通过制定行业指导价格，限制平台企业的过高抽成，保障了外卖骑手、网约车司机等劳动者的收入水平。同时，加强对劳动报酬支付情况的监督检查，严厉打击拖欠劳动者工资的行为。最后，还应加强对新业态劳动者的职业安全与健康保护，督促平台企业为劳动者提供必要的劳动保护用品和安全培训，保障劳动者的生命安全和身体健康。

三、灵活就业社保创新

灵活就业作为一种重要的就业形式，在拓宽就业渠道、缓解就业压力方面发挥着积极作用。然而，由于灵活就业人员工作不稳定、收入不固定，其参加社会保险面临着诸多困难和障碍。传统的社会保险制度主要是基于正规就业设计的，缴费标准、缴费方式等难以适应灵活就业人员的实际情况。例如，灵活就业人员往往需要以个人身份缴纳社会保险，缴费基数较高，且需要承担全部的社保费用，这对于收入不稳定的灵活就业人员来说，经济负担较重。同时，灵活就业人员在办理社保参保、转移接续等手续时，流程烦琐，需要提供大量的证明材料，增加了他们的办事成本。

为了解决灵活就业人员的社保难题，必须推进社保制度创新。

一方面，要优化社保缴费政策。降低灵活就业人员的社保缴费门槛，允许他们根据自己的经济状况选择合适的缴费档次。例如，一些地区推出了灵活就业人员社保补贴政策，对符合条件的灵活就业人员给予一定比例的社保缴费补贴，减轻了他们的经济负担。同时，探索建立灵活的社保缴费方式，如按月、按季、按年缴费等，方便灵活就业人员根据自己的收入情况进行缴费。另一方面，要简化社保经办流程。推进社保信息化建设，实现社保业务的网上办理、掌上办理，减少灵活就业人员的跑腿次数。同时，整合社保经办机构的服务资源，实现社保参保登记、缴费申报、待遇领取等业务的一站式办理，提高办事效率。此外，还应加强对灵活就业人员的社保政策宣传和咨询服务，提高他们对社保政策的知晓度和理解度，引导他们积极参保缴费。

四、技能认证体系标准化

在知识经济时代，劳动者的技能水平已成为决定其就业竞争力和收入水平的关键因素。然而，当前我国的技能认证体系还存在着诸多问题，如认证标准不统一、认证机构资质参差不齐、认证结果与实际工作能力脱节等。这不仅影响了劳动者参加技能培训和认证的积极性，也不利于企业选拔和使用人才，制约了产业升级和经济发展。

为了推动技能认证体系的标准化建设，需要从多个方面入手。首先，要制定统一的技能认证标准。由政府相关部门牵头，组织行业协会、企业、职业院校等各方力量，共同制定覆盖各个行业和领域的技能认证标准。认证标准应紧密结合实际工作需求，注重对劳动者实际操作能力和解决问题能力的考核，确保认证结果能够真实反映劳动者的技能水平。其次，要规范认证机构管理。加强对技能认证机构的资质审核和监管，建立健全认证机构的准入和退出机制。对符合条件的认证机构，要给予相应的资质认定，并加强日常监管，确保其认证行为规范、公正。同时，鼓励社会第三方认证机构参与技能认证工作，引入竞争机制，提高认证服务质量。最后，还应加强技能认证与职业教育、培训的衔接。推动职业院校和培训机构按照技能认证标准开展教学和培训活动，使学生和学员在完成学业或培训后，能够顺利通过技能认证，获得相应的职业资格证书。同时，建立技能认证与企业用人的联动机制，鼓励企业在招聘、晋升等环节中，优先考虑具有相关技能认证证书的人员，提高技能认证的社会认可度和含金量。

五、释放不同年龄群体生产力的政策工具

（一）"零工经济赋能计划"

"零工经济赋能计划"主要聚焦年轻一代劳动者，旨在充分发挥零工经济的优势，为年轻人提供更多的就业机会和发展空间。在数字经济时代，零工经济发展迅猛，许多年轻人凭借自身的专业技能和兴趣爱好，通过互联网平台从事各类灵活工作，如兼职设计师、程序员、翻译等。然而，零工经济在发展过程中也面临着一些问题，如信息不对称、权益保障不足等。

"零工经济赋能计划"通过搭建统一的零工经济服务平台，整合各类零工需求信息，为年轻人提供便捷的就业信息匹配服务。平台还可以提供技能培训、法律咨询、权益保障等一站式服务，帮助年轻人提升自身技能，增强就业竞争力，维护自身的合法权益。例如，该平台可以邀请行业专家在线开展技能培训课程，为年轻人提供学习和提升的机会；同时，设立专门的法律咨询热线，为年轻人解答在工作中遇到的法律问题，当他们的权益受到侵害时，能够及时提供法律援助。通过"零工经济赋能计划"，年轻人能够更加自由地选择工作，充分发挥自己的才能，实现自我价值，同时也为经济发展注入新的活力。

（二）"银发人才再开发工程"

随着我国人口老龄化程度的加深，老年人口数量不断增加，其中不乏具有丰富经验和专业技能的人才。"银发人才再开发工程"旨在挖掘和利用这一宝贵的人力资源，让老年人在退休后能够继续发挥余热，为社会做出贡献。

该工程通过建立银发人才信息库，收集老年人的个人信息、专业技能、工作经验等，为用人单位和老年人之间搭建沟通桥梁。同时，根据老年人的身体状况和个人意愿，为他们提供多样化的工作岗位和工作方式，如兼职顾问、技术指导、教育培训等。例如，一些企业邀请退休的技术专家担任兼职顾问，为企业解决技术难题，提供技术指导；一些社区组织退休教师开展课外辅导、文化讲座等活动，丰富了社区居民的文化生活。此外，"银发人才再开发工程"

还注重保障老年人的合法权益，为他们提供必要的劳动保护和福利待遇。这一工程不仅能够让老年人实现自我价值，提高生活质量，还能够缓解劳动力短缺的压力，促进经济社会的发展。

六、二次分配改革对居民消费能力的提振作用

（一）扩大育儿补贴范围

育儿成本的不断上升，已成为影响家庭生育意愿和消费能力的重要因素。通过政府财政资金的投入，扩大育儿补贴范围，为生育家庭提供经济支持，能够有效减轻家庭的育儿负担，提高家庭的消费能力。例如，一些地区将育儿补贴的范围从原来的二孩家庭扩大到三孩家庭，甚至一孩家庭，补贴标准也有所提高。家庭在获得育儿补贴后，可以将这笔资金用于孩子的生活费用、教育费用、医疗费用等支出，从而增加家庭的可支配收入，提升家庭的消费能力。同时，育儿补贴政策的实施，还能够在一定程度上提高生育率，为未来的经济发展储备劳动力资源。

（二）优化个税专项抵扣

个人所得税专项附加扣除政策的实施是我国税收制度改革的一项重要举措。通过优化个税专项抵扣，进一步扩大扣除范围、提高扣除标准，能够减轻居民的税收负担，增加居民的可支配收入，从而提振居民的消费能力。例如，在子女教育专项附加扣除方面，提

高每个子女每月的扣除标准，或者增加扣除项目，如课外培训费用、学习用品费用等；在住房贷款利息专项附加扣除方面，延长扣除期限，或者提高扣除比例。此外，还可以考虑增加一些新的专项附加扣除项目，如赡养老人专项附加扣除、大病医疗专项附加扣除等。通过优化个税专项抵扣，让居民实实在在地享受到税收改革的红利，提高居民的消费信心和消费能力，促进经济的发展。

七、人力资本溢价推动"居民收入与经济增长同步"

（一）"技能薪酬匹配指数"实证模型

"技能薪酬匹配指数"是衡量劳动者技能水平与薪酬待遇匹配程度的重要指标。通过构建这一实证模型，可以深入分析人力资本溢价对居民收入增长的影响。该模型以劳动者的技能水平为自变量，以其薪酬待遇为因变量，同时考虑其他相关因素，如工作经验、行业差异、地区差异等。通过对大量数据的收集和分析，可以得出技能水平与薪酬待遇之间的量化关系，即技能水平每提升一个单位，薪酬待遇相应提高的幅度。

（二）人力资本溢价的实现路径

人力资本溢价的实现离不开教育、培训、技能认证等多方面的支持。首先，加大教育投入，提高教育质量，培养更多高素质的人才。通过优化教育资源配置，推动教育公平，让更多的人能够接受良好的教育，提升整体的人力资本水平。其次，加大职业培训力度，根据市场需求和产业发展趋势，开展有针对性的职业技能培训。鼓励企业与职业院校、培训机构合作，开展订单式培训、学徒制培训等，提高劳动者的实际操作能力和职业技能水平。最后，完善技能认证体系，通过标准化的技能认证，让劳动者的技能水平得到社会的认可，为其获得更高的薪酬待遇提供依据。

当劳动者通过教育、培训等方式提升自身技能水平，实现人力资本溢价时，其收入水平也会相应提高。随着越来越多的劳动者实现人力资本溢价，整个社会的居民收入水平将得到提升，从而推动"居民收入与经济增长同步"目标的实现。同时，高技能劳动者的增加，也能够促进产业升级和经济结构调整，提高经济发展的质量和效益，进一步为居民收入增长提供支撑。

就业扩容与收入分配改革是一项系统而复杂的工程，涉及经济社会的各个方面。通过提升就业质量，加强新业态劳动权益保障，推进灵活就业社保创新，实现技能认证体系标准化，释放不同年龄群体的生产力，以及推进二次分配改革，能够有效提高居民的收入水平，增强居民的消费能力，推动"居民收入与经济增长同步"目标的实现。在未来的发展中，我们要坚定不移地推进就业与收入分配领域的改革，为经济社会的可持续发展和人民群众的幸福生活奠定坚实的基础。

第四节　宜居保障与社区服务创新

在我们的日常生活中，每天清晨推开窗，呼吸着清新的空气，小区里配备的便利设施，孩子能就近入托，老人上下楼有电梯，这些看似平凡的点滴，实则与宜居保障和社区服务创新息息相关。它们不只是政策文件里的词汇，而是实实在在影响着我们的生活品质，左右着家庭幸福指数，以及关乎社会和谐运转、城市能否长远发展的关键因素。从住房政策这个大众最为关注的民生切口深入，去探寻保障性租赁住房 REITs（房地产投资信托基金）融资如何助力解决年轻人住房难题，老旧小区"电梯＋适老化改造"PPP（政府和社会资本合作）模式如何给老年人的生活带来便利，社区嵌入式托育网点又如何为育儿家庭减轻负担。再通过"15 分钟生活圈"里社区食堂、共享办公空间、代际融合活动中心等设施的鲜活案例，看看它们是如何降低家庭生活成本，让社会资本也活跃起来的。而最终提出的"空间投资即人力投资"这一核心理念，更会颠覆你对居住环境的传统认知，为构建更美好的家园打开全新视角。

一、住房政策与民生保障的紧密关联

住房，作为人类生存与发展的基本需求，始终在民生领域占据着核心地位。它不仅为人们提供遮风挡雨的栖息之所，更是家庭稳定、社会和谐的重要基石。在我国，住房政策的制定与实施始终以满足人民群众的住房需求为出发点和落脚点，致力于实现全体人民住有所居的目标。然而，随着经济社会的快速发展和人口结构的深刻变化，住房领域面临着诸多新挑战与新问题。

一方面，城镇化进程的加速使大量人口涌入城市，城市住房需求持续增长，尤其是中低收入群体的住房保障问题亟待解决。保障性租赁住房作为解决这一问题的重要举措，旨在为新市民、青年人等群体提供负担得起且容易获得的住房选择。另一方面，我国已步入老龄化社会，老年人口数量不断增加，对适老化住房的需求日益迫切。老旧小区大多建成年代较早，基础设施陈旧，缺乏电梯等适老化设施，给老年人的生活带来极大不便。因此，推进老旧小区的适老化改造，提升居住环境的安全性和便利性，成为保障老年人生活质量的必然要求。此外，随着生育政策的调整和育儿观念的转变，托育服务需求迅速增长，社区嵌入式托育网点的建设对缓解家庭育儿压力、促进婴幼儿健康成长具有重要意义。

二、保障性租赁住房 REITs 融资的创新实践

保障性租赁住房 REITs 融资模式的出现，为解决保障性租赁住房建设资金短缺问题提供了全新的思路和途径。传统的保障性租赁住房建设主要依靠政府财政投入和银行贷款，资金来源相对单一，且面临着较大的资金压力和偿债风险。REITs 作为一种创新的融资工具，通过将保障性租赁住房资产打包上市，向社会公众募集资金，实现了资产的证券化和市场化运作。

这种融资模式具有多重优势。首先，它拓宽了保障性租赁住房的融资渠道，吸引了更多的社会资本参与到保障性租赁住房建设中来，有效缓解了政府的资金压力。其次，REITs 具有流动性强、收益稳定的特点，能够为投资者提供多元化的投资选择，满足不同投资者的风险偏好和收益需求。最后，REITs 的运作要求对保障性租赁住房资产进行专业化管理和运营，有助于提高保障性租赁住房的运营效率和服务质量。

例如，在一些试点城市，通过设立保障性租赁住房 REITs 项目，成功筹集了大量资金，用于新建和改造保障性租赁住房。这些项目在建设过程中，注重户型设计的合理性和实用性，以满足新市民、青年人的居住需求。同时，引入专业的运营管理团队，为租户提供优质的物业服务和配套设施，提升了租户的居住体验。通过 REITs 融资模式，保障性租赁住房项目不仅实现了资金的良性循环，还为社会提供了更多的住房保障供给，取得了良好的社会效益和经济效益。

三、老旧小区"电梯 + 适老化改造"PPP 模式的探索与成效

老旧小区"电梯 + 适老化改造"PPP 模式是应对人口老龄化、提升老旧小区居住品质的重要创新举措。在传统的老旧小区改造中，由于资金投入大、改造难度大、收益回报低等，社会资本参与的积极性不高。PPP 模式的引入，通过政府与社会资本的合作，充分发挥双方的优势，实现了资源的优化配置。

在这一模式下，政府主要负责制定政策、提供规划引导和部分

资金支持，同时对项目的实施进行监督管理。社会资本则负责项目的投资、建设和运营，通过合理的商业模式设计，实现项目的盈利和可持续发展。例如，在老旧小区电梯加装项目中，社会资本可以通过与居民协商，采用"免费安装、有偿使用"的方式，收取电梯使用费来回收投资成本并获取收益。同时，在适老化改造方面，社会资本可以引入先进的适老化设施和服务理念，打造智能化、人性化的居住环境。

以一些城市的老旧小区改造项目为例，通过采用 PPP 模式，成功完成了多个老旧小区的"电梯 + 适老化改造"。在改造过程中，不仅加装了电梯，方便了老年人上下楼，还对小区的道路、绿化、照明等基础设施进行了全面升级，增设了老年活动中心、无障碍通道等适老化设施。改造后的小区面貌焕然一新，居民的生活质量得到显著提升，社会资本也通过合理的运营管理实现了一定的收益。这种模式不仅解决了老旧小区改造的资金难题，还为社会资本参与城市更新提供了可行的路径，实现了政府、社会资本和居民的多方共赢。

四、社区嵌入式托育网点的重要性与发展模式

社区嵌入式托育网点作为满足家庭育儿需求的重要载体，在促进婴幼儿健康成长、缓解家庭育儿压力方面发挥着不可替代的作用。与传统的大型托育机构相比，社区嵌入式托育网点具有位置便捷、服务灵活、贴近家庭等优势，能够更好地满足家长的日常托育需求。

社区嵌入式托育网点的发展模式通常采用政府引导、社会力量参与的方式。政府通过出台相关政策，鼓励社会资本投资建设和运营社区托育服务设施，并给予一定的资金补贴和政策支持。社会力量则根据社区的实际需求，合理规划托育网点的布局和服务内容。例如，一些社区嵌入式托育网点采用"托幼一体化"的模式，将托育服务与幼儿教育相结合，为婴幼儿提供科学、系统的养育和教育服务。同时，通过开展亲子活动、家长培训等服务，加强与家庭的沟通与合作，共同促进婴幼儿的健康成长。

在运营管理方面，社区嵌入式托育网点注重专业化和规范化。配备专业的保育人员和教育师资，加强对从业人员的培训和管理，确保托育服务的质量和安全。此外，利用信息化技术，建立托育服务管理平台，实现对托育服务全过程的监控和管理，为家长提供便捷的信息查询和服务预约功能。通过这些举措，社区嵌入式托育网点能够为家庭提供优质、可靠的托育服务，有效减轻家庭的育儿负担，促进家庭幸福和社会和谐。

五、"15分钟生活圈"的实践与价值体现

"15分钟生活圈"作为一种创新的城市规划理念和社区发展模式，正在全国各地逐渐推广和实践。它以居民的生活需求为导向，通过合理规划社区的功能布局，打造集居住、工作、购物、休闲、教育、医疗等多功能于一体的社区生活空间，满足居民在步行15分钟范围内的日常生活的基本需求。

在"15分钟生活圈"中，社区食堂的建设为居民提供了便捷、

实惠的餐饮服务。尤其是对于老年人、上班族等群体来说，社区食堂解决了他们做饭难、吃饭贵的问题，有效降低了家庭的生活成本。同时，社区食堂还可以通过开展营养讲座、美食文化活动等，丰富居民的文化生活。共享办公空间的出现，为创业者、自由职业者等提供了低成本、高效率的办公场所。在这里，人们可以共享办公设备、会议室等资源，降低创业和办公成本，同时还能促进知识交流和合作创新。代际融合活动中心则为不同年龄段的居民提供了互动交流的平台，通过组织各类文化、体育、娱乐活动，增进了代际之间的理解和沟通，营造了和谐的社区氛围。

以一些社区的"15分钟生活圈"建设为例，通过合理规划和资源整合，该社区建设了社区食堂、共享办公空间、代际融合活动中心等一系列便民设施。社区食堂每天提供丰富多样的菜品，价格实惠，吸引了众多居民前来就餐。共享办公空间入驻了多家创业团队和自由职业者，他们在这里共享资源、交流合作，取得了良好的发展成果。代际融合活动中心定期举办亲子运动会、老年文艺演出等活动，深受居民喜爱。通过"15分钟生活圈"的建设，该社区居民的生活质量得到显著提升，社区的凝聚力和归属感明显增强，同时也吸引了更多的社会资本关注和参与社区建设，实现了社区的可持续发展。

六、"空间投资即人力投资"理念的深入阐释

"空间投资即人力投资"这一核心理念深刻揭示了居住环境与个体发展之间的内在联系。当居住环境从传统的生存型向发展型转

变时，空间的价值不再仅仅局限于提供基本的居住功能，更在于能够激发个体的创造力与幸福感，为城市更新带来核心回报。

良好的居住环境能够为个体提供舒适、安全、便捷的生活空间，满足人们对美好生活的向往。在这样的环境中，人们能够更加放松身心，专注于工作和学习，从而激发自身的创造力和创新精神。例如，在一个拥有完善的社区设施、优美的自然环境和浓厚的文化氛围的社区中，居民更容易产生灵感，开展创新活动。同时，舒适的居住环境也能够提升人们的幸福感和生活满意度，增强人们对社区的认同感和归属感。当人们对自己所居住的社区充满热爱和自豪时，他们会更加积极地参与社区的建设和发展，为社区贡献自己的力量。

从城市更新的角度来看，"空间投资即人力投资"意味着通过对城市空间的优化和改造，提升城市的品质和吸引力，从而吸引更多的人才汇聚。人才是城市发展的核心动力，他们的创造力和创新能力将为城市带来新的发展机遇和活力。例如，一些城市通过打造高品质的创新创业街区、宜居社区等，吸引了大量的高科技人才、创业者，推动了城市的产业升级和经济发展。因此，在城市规划和建设中，应充分重视空间投资的重要性，以提升居住环境为出发点，实现空间价值与个体发展的有机统一，为城市的可持续发展注入强大动力。

宜居保障与社区服务创新是实现人民对美好生活向往的重要内容。通过保障性租赁住房 REITs 融资、老旧小区"电梯 + 适老化改造"PPP 模式、社区嵌入式托育网点等民生工程的实施，以及"15分钟生活圈"的建设，我们能够为居民提供更加优质、便捷、舒适的居住环境和社区服务。而"空间投资即人力投资"理念的提出，则为我们指明了未来城市发展的方向。在新时代的征程中，我们应坚定不移地推进宜居保障与社区服务创新，不断探索和实践新的发展模式和路径，为建设更加美好的家园、实现中华民族伟大复兴的中国梦贡献力量。

第四章

个体觉醒：

普通人的"认知复利"公式

——在 AI 时代打造"反脆弱"人生

第一节　认知突围：从"被动适应"到
"主动进化"的范式转型

在当今时代，科技浪潮以前所未有的磅礴之势席卷而来，AI技术宛如一把双刃剑，深刻地改变着经济社会的每一处肌理。从工业生产线上井然有序运作的自动化流程，到金融领域精准高效的智能风控与投资决策；从医疗行业为诊断提供关键助力的辅助系统，到教育场景中实现因材施教的个性化学习支持，AI技术的广泛应用正以令人惊叹的速度重塑着传统行业的格局。在这场宏大变革的浪潮中，传统就业模式正遭受着前所未有的冲击，个体若想在AI时代站稳脚跟、谋求可持续发展，亟须实现从"被动适应"到"主动进化"的认知范式转型，完成从知识记忆型向问题解决型认知模式的升级。

一、AI技术对传统就业的冲击

（一）重复性、规律性工作岗位的流失

AI技术凭借其强大的计算能力和对海量数据的快速处理优势，在执行重复性、规律性任务时展现出人类难以企及的高效率与高精度。在制造业领域，曾经依赖人工操作的流水生产线，如今正逐步

被智能机器人取代。以汽车制造企业为例，大量自动化焊接机器人的引入，不仅减少了对焊接工人的用工需求，而且显著提升了焊接质量与生产速度。这些智能机器人能够不知疲倦地连续作业，生产精度远超人工，极大地提高了生产效率，降低了生产成本。在物流行业，智能仓储系统和自动化分拣设备的广泛普及，使得货物搬运、分拣等岗位数量大幅缩减。快递包裹能够通过自动化设备快速、准确地分类与运输，人工参与度急剧降低。相关研究报告显示，在一些高度自动化的物流中心，人工岗位减少幅度高达50%。在金融领域，基础的会计、出纳等工作也难以避免AI技术的冲击。智能财务软件能够自动完成账务处理、报表生成等工作，对基层财务人员的需求大大减少。这些重复性、规律性工作岗位的流失，给传统就业结构带来了巨大挑战。

（二）技能需求的结构性转变

随着AI技术的持续发展，劳动力市场对技能的需求发生了深刻的结构性变化。传统的以体力劳动和简单脑力劳动为主的技能需求逐渐式微，而对具备复杂认知技能、创新能力以及人际交往能力的人才需求日益旺盛。在AI辅助设计领域，设计师不仅要熟练掌握传统设计软件与技能，更需具备运用AI工具进行创意生成、智能优化设计方案的能力。比如，在建筑设计中，设计师可借助AI算法分析建筑场地的环境数据、用户需求数据等，快速生成多种设计方案，并通过智能算法对方案进行优化，从而提高设计效率与质量。在医疗行业，医生需要掌握与AI医疗辅助诊断系统协同工作的技能，能够准确解读 AI 系统提供的诊断建议，并结合自身临床经验做出科学的诊断决策。此外，在新兴的数字营销领域，营销人员需要了解大数据分析、人工智能等营销工具的运用，能够依据消费者的行为数据制定精准的营销策略。这种技能需求的结构性转变，要求劳动者必须持续学习、不断提升自身技能，以适应新的就业市场需求。

（三）就业市场的不确定性增加

AI 技术的迅猛发展与广泛应用，使得就业市场的不确定性显著增加。一方面，新的技术和应用如雨后春笋般不断涌现，导致行业和职业的兴衰更替速度大幅加快。一些曾经的职业可能在短时间内就被新技术淘汰，而一些新兴职业则在一夜之间崛起。例如，随着短视频平台的兴起，短视频运营、直播带货主播等新兴职业迅速走红，但这些职业的发展受到市场需求、技术变革等多种因素的影响，具有较高的不确定性。另一方面，AI 技术的应用促使企业的生产经营模式和组织架构持续调整，企业对人才的需求也随之改变。企业可能会根据业务发展和技术应用情况，随时调整人员配置，这使得劳动者面临着更大的失业风险和职业转换压力。例如，一些传统企业在数字化转型过程中，可能会大规模裁减传统岗位员工，同时招聘具有数字化技能的新型人才，导致部分员工面临失业或转岗的困境。

二、从知识记忆型向问题解决型认知模式升级的必要性

（一）传统知识记忆型认知模式的局限性

在传统的教育与工作模式下，知识记忆型认知模式长期占据主导地位。这种认知模式侧重于对知识的记忆与传承，学生在学校主要通过死记硬背的方式学习大量知识，以应对考试。在工作中，员工也常常依赖已有的经验和知识储备来完成任务。然而，在 AI 时代，这种认知模式的局限性越发凸显。AI 技术能够快速存储和检索海量知识信息，其记忆能力远超人类。例如，在法律咨询领域，AI 法律检索系统能够瞬间检索到相关的法律法规和案例，为律师提供参考。在医疗领域，AI 辅助诊断系统能够快速分析患者的病历数据，提供可能的疾病诊断建议。面对 AI 强大的知识存储和检索能力，人类单纯依靠知识记忆已难以在竞争中取得优势。此外，知识记忆型认知模式缺乏灵活运用知识的能力和创新能力，难以应对复杂多变的现实问题。在实际工作中，问题往往并非简单套用已有知识就能解决，而是需要综合运用多种知识和技能，进行创造性的思考与探索。传统知识记忆型认知模式难以满足这一要求，限制了个体的发展。

（二）问题解决型认知模式的优势

问题解决型认知模式强调个体运用知识和技能解决实际问题的能力，注重培养创新思维和批判性思维。在这种认知模式下，个体

不再仅仅是知识的被动接受者，更是知识的主动探索者和创造者。面对问题时，个体能够迅速剖析问题的本质，调动已有的知识和经验，并通过创造性的思维方式探寻解决方案。例如，在科技创新领域，科学家们面对复杂的科学难题，需要运用跨学科的知识，通过不断尝试和探索，提出创新性的解决方案。在企业管理中，管理者面对市场竞争、组织变革等复杂问题，需要综合运用管理学、经济学、心理学等多方面的知识，制定出符合企业实际情况的战略和决策。问题解决型认知模式还注重培养个体的自我学习能力和适应能力，能够助力个体快速适应新环境、掌握新技能。在 AI 时代，技术更新换代极为迅速，只有具备问题解决型认知模式的个体，才能持续学习以及掌握新的知识和技能，应对不断变化的工作需求，实现自身的可持续发展。

三、通过元学习能力构建"思维脚手架"

（一）元学习能力的内涵与重要性

元学习能力，简而言之，就是"学习如何学习"的能力。它是个体对自身学习过程的认知、监控和调节能力，涵盖对学习目标的确定、学习方法的选择、学习过程的评估等方面。在 AI 时代，知识更新速度日新月异，新的技术、理论和方法层出不穷。仅依靠传统的学习方式，个体很难跟上知识更新的节奏。元学习能力的重要意义在于，它能够帮助个体快速掌握新的学习方法和技巧，提高学习效率，更好地适应知识快速更新的环境。例如，当面对一门新的编程语言时，具备元学习能力的个体能够迅速分析该语言的特点和应用场景，选择合适的学习资源和学习方法，快速掌握这门语言的基本原理和应用技巧。元学习能力还能够培养个体的自主学习意识和能力，使个体在没有外界指导的情况下，也能主动地进行学习和探索。在终身学习的时代背景下，元学习能力已成为个体必备的核心能力之一。

（二）构建"思维脚手架"的策略与方法

1. 明确学习目标与规划

个体在学习过程中，首要任务是明确自己的学习目标，即通过学习期望达成何种结果。学习目标应具备明确性、可衡量性、可实现性、相关性和时限性（SMART 原则，见表 4-1）。例如，若个体计划学习人工智能技术，就需明确自己是想掌握人工智能的基础理论知识，还是想学会运用人工智能工具进行项目开发，抑或是想从事人工智能领域的研究工作。明确学习目标后，个体要制订详尽的学习规划，包括学习内容的安排、学习时间的分配、学习资源的选择等。合理的学习规划能够助力个体有条不紊地开展学习，提高学习效率。

表 4-1　SMART 原则

原则	定义	示例学习目标
明确性 （Specific）	目标应该明确和具体，清晰地定义想要达成的结果	我要学会弹奏吉他，具体目标是能够流畅地弹奏一首完整的曲子
可衡量性 （Measurable）	目标应该是可衡量的，有明确的指标来跟踪进度	在接下来的三个月内，我将每周练习吉他至少 5 次，每次至少 30 分钟，并在月底能够弹奏出一首新曲子

原则	定义	示例学习目标
可实现性 （Achievable）	目标应该是现实和可实现的，考虑到资源和能力	考虑到我每天有空闲时间，且已报名参加吉他课程，这个目标是可以实现的
相关性 （Relevant）	目标应该与其他目标相关，符合你的长期愿景或职业规划	学习吉他符合我提高音乐技能的长期目标，也有助于我减压和娱乐
时限性 （Time-bound）	目标应该有明确的截止日期，以增加紧迫感和动力	我计划在 6 个月内能够流畅地弹奏 5 首不同的曲子

2. 掌握多种学习方法与技巧

不同的学习内容和学习目标需要适配不同的学习方法和技巧。个体应掌握多种学习方法，如归纳法、演绎法、类比法、思维导图法等，并能根据具体情况灵活运用。比如，在学习历史知识时，个体可采用归纳法，将历史事件按时间顺序梳理，总结出历史发展的规律；在学习数学知识时，个体可采用演绎法，从基本的定理和公式出发，推导出具体的解题方法。此外，个体还应学会运用各种学习工具，如在线学习平台、电子书籍、学习软件等，提升学习效果。

3. 学会自我监控与评估

在学习过程中，个体要学会对自己的学习过程进行监控和评估，及时察觉问题并调整学习策略。个体可通过制订学习计划、记录学习进度、定期进行自我测试等方式，对自己的学习情况进行监控。同时，个体要依据学习效果对学习方法和策略进行评估和调整。若发现某种学习方法效果欠佳，个体应及时尝试其他方法；若发现学习进度滞后，个体应分析原因，采取相应措施加快学习进度。通过自我监控与评估，个体能够不断优化自己的学习过程，提高学习质量。

四、将标准化能力转化为不可替代的创新力

（一）对 AI 技术解构的标准化能力的认识

AI 技术在应用过程中，常常将复杂的任务拆解为一系列标准化的操作和流程，通过对这些标准化能力的整合与优化，实现高效的任务执行。例如，在图像识别领域，AI 算法将图像识别任务分解为图像采集、预处理、特征提取、分类识别等标准化步骤，通过对每个步骤的算法优化，提升图像识别的准确率和速度。在自然语言处理领域，AI 技术将文本处理任务分解为词法分析、句法分析、语义理解等标准化环节，通过对这些环节的技术改进，实现对文本的准确理解和处理。这些标准化能力虽能高效完成特定任务，但也存在一定的局限性，如缺乏灵活性和创造性。

（二）转化为创新力的途径与实践

1.跨学科融合与创新

个体可通过跨学科学习和研究，将不同领域的知识和方法融合，从而激发创新灵感。例如，将人工智能技术与艺术设计相结合，创造出独具创意的智能艺术作品。在此过程中，个体可运用 AI 技术的图像生成、数据分析等标准化能力，为艺术创作提供新思路和新方法，同时结合艺术设计的审美理念和创意表达，赋予作品独特的艺术价值。又如，将生物学与计算机科学相结合，开展生物信息学研究，利用 AI 技术分析生物数据，探索生命科学的奥秘。通

过跨学科融合，个体能够突破单一学科的思维局限，将 AI 技术的标准化能力转化为创新力，创造出具有创新性的成果。

2. 个性化定制与创新

在 AI 技术提供标准化服务的基础上，个体可通过深入了解用户需求，为用户提供个性化的解决方案，实现创新。例如，在电商领域，AI 技术能够依据用户的浏览历史和购买行为，为用户推荐商品。个体可在此基础上，进一步分析用户的个性化需求和偏好，为用户提供更为精准、个性化的商品推荐服务。比如，针对喜欢户外运动的用户，推荐适合其运动场景和个人风格的户外装备；针对注重健康饮食的用户，推荐符合其营养需求的食品和健康产品。通过个性化定制，个体能够在 AI 技术的标准化能力基础上，创造出差异化的竞争优势，实现创新发展。

3. 解决复杂问题与创新

面对复杂的现实问题，个体可运用 AI 技术的标准化能力，结合自身的创新思维和实践经验，提出创新性的解决方案。例如，在城市交通拥堵治理中，AI 技术可通过对交通流量数据的分析，提供交通信号灯优化方案、公交线路调整建议等标准化的解决方案。个体可在此基础上，进一步综合考虑城市的地理环境、居民出行习惯、城市发展规划等因素，提出综合性的交通拥堵治理方案，如建设智能交通系统、发展共享出行模式、优化城市空间布局等。通过解决复杂问题，个体能够将 AI 技术的标准化能力转化为实际的创新成果，为社会发展贡献力量。

五、实现人力资本的非线性增长

（一）人力资本增长的传统模式与局限性

在传统的经济发展模式下，人力资本的增长主要依靠教育投资和工作经验的积累。个体通过接受正规教育，获取知识和技能，然后在工作中不断积累经验，提升自己的能力和价值。这种增长模式通常呈现出线性增长的特征，即随着时间的推移，人力资本以相对稳定的速度增长。然而，这种传统的增长模式在 AI 时代面临着诸多局限。一方面，教育体系的更新速度往往滞后于技术发展的速度，致使个体在学校所学的知识和技能与实际工作需求脱节。例如，一些高校的专业设置未能及时跟上新兴产业的发展步伐，培养出来的学生在就业市场上缺乏竞争力。另一方面，工作经验的积累也受到行业发展和企业变革的影响。在 AI 技术快速发展的背景下，行业和企业的变革速度加快，以往积累的工作经验可能很快就不再适用。此外，传统的人力资本增长模式难以实现个体能力的跨越式发展，无法满足 AI 时代对创新型人才的需求。

（二）通过认知突围实现非线性增长的机制与案例

1. 机制分析

在 AI 时代，个体通过实现从"被动适应"到"主动进化"的认知范式转型，完成从知识记忆型到问题解决型认知模式的升级，构建元学习能力的"思维脚手架"，将 AI 技术解构的标准化能力转化为不可替代的创新力，进而实现人力资本的非线性增长。这种非线性增长的机制在于，个体能够迅速适应技术变革和市场需求的变化，持续学习和掌握新的知识和技能，提升自己的创新能力和综合素质。当个体具备创新能力后，能够创造出具有高附加值的成果，这些成果不仅能为个体带来经济收益，还能提升个体的社会声誉和影响力，进一步推动个体人力资本的增长。例如，一位具备创新能力的科技创业者，通过开发出具有创新性的产品或服务，获得市场认可和资本青睐，企业迅速发展壮大。在此过程中，创业者的个人能力得到极大提升，其人力资本也实现了快速增长。

2. 案例分析

以特斯拉的创始人埃隆·马斯克（Elon Musk）为例，马斯克在电动汽车、太空探索、超级高铁等多个领域取得了卓越成就。他具备跨学科的知识背景和强大的创新能力，能够将不同领域的技术和理念融合，提出创新性的解决方案。在电动汽车领域，马斯克运用先进的电池技术、智能驾驶技术和创新的商业模式，推动了特斯拉汽车的发展，颠覆了传统汽车行业的格局。在太空探索领域，马斯克创办的 SpaceX 公司通过可回收火箭技术的创新，大幅降低了太空探索的成本，为人类探索宇宙开辟了新路径。马斯克之所以能够取得如此巨大的成就，实现个人人力资本的非线性增长，是因为他具备从"被动适应"到"主动进化"的认知范式，不断学习和探索新领域，将不同领域的标准化能力转化为创新力，创造出具有颠覆性的成果。

在 AI 时代的汹涌浪潮中，传统就业模式遭受冲击，个体面临着前所未有的挑战与机遇。唯有实现从知识记忆型向问题解决型认知模式的升级，借助元学习能力搭建"思维脚手架"，将 AI 技术解构的标准化能力巧妙转化为不可替代的创新力，方能实现人力资本的非线性增长，在这场时代变革中成功突围，打造出"反脆弱"的精彩人生。这不仅是个体实现自我价值的必由之路，更是推动社会进步与经济发展的关键力量。我们必须深刻认识到这一转型的紧迫性与重要性，积极行动起来，勇敢迎接时代的挑战，创造属于自己的辉煌未来。

第二节　健康杠杆：用全生命周期健康管理
提升认知效能

在 AI 时代的全新语境下，个体的发展面临着前所未有的机遇与挑战。当我们聚焦于个体觉醒，探寻普通人的"认知复利"公式，致力于打造"反脆弱"人生时，健康这一关键因素的重要性越发凸显。健康，绝非仅仅是身体机能的正常运转，更是与认知发展紧密交织、相互促进的核心要素。揭示健康投资与认知发展的协同关系，提出"健康寿命"作为人力资本的新维度，并深入论述通过智能医疗工具优化健康管理，进而将生理健康转化为认知效能提升的有效路径，构建起抵御技术不确定性的坚实的身体基础，对个体在复杂多变的时代中实现可持续发展具有极为深远的意义。

一、健康投资与认知发展的协同关系

（一）健康是认知发展的基石

从生命科学和心理学的双重视角来看，健康的身体状态是认知能力发展的基础。大脑作为认知活动的核心器官，其正常运作依赖于良好的生理健康状况。充足的睡眠、均衡的饮食、适度的运动等基本健康行为，对大脑的结构和功能有着至关重要的影响。例如，睡眠不仅能够帮助大脑清除代谢废物，还在记忆巩固和学习能力提升方面发挥着关键作用。研究表明，长期睡眠不足会导致大脑神经细胞的损伤，影响神经递质的正常分泌，进而降低注意力、记忆力和思维能力。在饮食方面，富含 Omega-3 脂肪酸、维生素 B 族、抗氧化剂等营养素的食物，能够为大脑提供必要的营养支持，促进神经细胞的生长和修复，增强大脑的认知功能。适度的运动则可以促进血液循环，增加大脑的氧气供应，刺激大脑分泌神经营养因子，有助于提高大脑的可塑性和认知灵活性。

在儿童时期，健康的体魄对于认知发展尤为关键。身体发育正常的儿童能够更好地参与学习活动，积极探索周围的世界，其认知能力在丰富的体验中得以快速发展。相反，患有慢性疾病或身体发育不良的儿童，可能在学习过程中面临诸多困难，认知发展也会受到不同程度的阻碍。在成年阶段，良好的健康状态同样是保持高效认知能力的保障。无论是从事复杂的脑力劳动，还是应对生活中的各种挑战，健康的身体都能使个体保持清晰的思维、敏锐的判断力和良好的情绪状态，从而更好地发挥认知能力。

（二）认知发展促进健康投资

认知发展水平的提升也会反过来促进个体对健康的重视和投资。当个体具备较高的认知能力时，能够更加深刻地认识到健康的重要性，理解健康投资的长远价值，并主动采取积极的健康行为。例如，具有较高健康素养的人能够准确识别健康风险因素，如不良的生活习惯、环境污染等，并通过调整生活方式、加强自我保健等途径进行预防和干预。他们会主动学习健康知识，关注健康资讯，根据自身情况制订合理的健康计划，包括定期体检、科学饮食、规律运动等。在面对疾病时，他们能够理性对待，积极配合治疗，遵循医嘱进行康复训练，从而更好地恢复健康。

此外，认知能力的提升还能够帮助个体更好地应对压力和挫折，保持良好的心理状态。现代社会中，压力和焦虑成为影响人们健康的重要因素。具备较强认知能力的个体能够运用有效的心理调适方法，如认知重构、情绪管理技巧等，缓解压力和焦虑情绪，避免因长期负面情绪导致的身心健康问题。例如，通过学习心理学知识，个体可以认识到自己的思维模式和情绪反应机制，当遇到压力事件时，能够及时调整自己的认知，以更加积极乐观的态度面对，从而减轻心理负担，维护身心健康。

二、"健康寿命"：人力资本的新维度

（一）"健康寿命"的概念界定

在传统的人力资本理论中，通常将教育、技能、经验等作为衡量人力资本的主要维度。然而，随着社会的发展和人们对健康重要性认识的不断加深，"健康寿命"逐渐成为人力资本的一个新的重要维度。"健康寿命"并非单纯指个体的生存时间，而是指个体在健康状态下度过的生命时长。它强调的是生命的质量，即在没有重大疾病、身体功能正常、心理状态良好的情况下，个体能够充分发挥自身能力，积极参与社会活动，为经济社会发展做出贡献的

时间跨度。

与传统的寿命概念相比，"健康寿命"更注重个体在生命过程中的健康状况和生活质量。一个人即使寿命较长，但如果在晚年长期遭受疾病困扰，生活不能自理，其实际能够为社会创造价值的时间也会大打折扣。相反，延长"健康寿命"意味着个体能够在更长的时间内保持良好的身体和心理状态，拥有更高的劳动参与率和生产效率，从而为经济增长和社会发展提供更持久的动力。

（二）"健康寿命"对人力资本的重要意义

从经济发展的角度来看，延长"健康寿命"能够显著提升人力资本的价值。在劳动力市场上，健康的劳动者往往具有更高的劳动生产率。他们能够承受更大的工作强度，减少因疾病导致的缺勤率，为企业创造更多的价值。同时，随着"健康寿命"的延长，劳动者的职业生涯也会相应延长，其积累的工作经验和专业技能得以更充分地发挥作用。例如，在一些知识密集型行业，如科研、金融、法律等，经验丰富的资深从业者往往能够凭借其深厚的专业知识和敏锐的洞察力，为企业解决复杂的问题，推动行业的发展。此外，延长"健康寿命"还有助于缓解人口老龄化带来的社会经济压力。随着人口老龄化的加剧，老年人口在总人口中的比重不断增加，社会养老负担日益加重。如果能够延长老年人的"健康寿命"，使他们在晚年仍能保持一定的劳动能力和社会参与度，不仅可以减轻社会养老负担，还能够充分利用老年人力资源，为社会经济发展注入新的活力。

从个体发展的角度来看，延长"健康寿命"意味着个体拥有更多的时间和机会去追求自己的人生目标，实现自我价值。健康的身体和良好的心理状态是个体进行学习、工作和社交活动的基础。在健康的状态下，个体能够更好地享受生活，丰富自己的人生阅历，提升生活质量。例如，一个健康的老年人可以继续学习新知识，培养新的兴趣爱好，参与志愿服务活动，为社会贡献自己的力量，同时也能在这些活动中获得成就感和幸福感，实现个人的全面发展。

三、智能医疗工具助力健康管理

（一）智能医疗工具的发展现状

随着信息技术和生物医学工程的飞速发展，智能医疗工具如雨后春笋般不断涌现，为健康管理带来了革命性的变化。智能可穿戴设备，如智能手环、智能手表等，能够实时监测个体的生理指标，如心率、血压、睡眠质量、运动步数等，并通过蓝牙等无线技术将数据传输到手机应用程序或云端平台。用户可以随时随地查看自己的健康数据，了解身体状况的变化趋势。同时，一些智能可穿戴设备还具备健康预警功能，当检测到生理指标异常时，能够及时发出警报，提醒用户采取相应的措施。例如，一些智能手环可以在监测到用户的心率突然异常升高或出现不规则心跳时，立即向用户及其紧急联系人发送警报信息，为及时就医争取宝贵时间。

在医疗诊断领域，人工智能技术的应用也取得了显著进展。智能医疗影像诊断系统能够快速、准确地分析 X 光、CT（Computed

Tomography，电子计算机断层扫描）、MRI（Magnetic Resonance Imaging，磁共振成像）等医学影像，帮助医生发现潜在的疾病迹象。例如，一些人工智能辅助诊断软件可以在短时间内对大量的肺部 CT 影像进行分析，检测出早期肺癌的微小病灶，大大提高了肺癌的早期诊断率。此外，远程医疗技术也得到了广泛应用。通过视频通话、远程监测设备等，医生可以为偏远地区的患者提供远程诊断和治疗建议，打破了地域限制，提高了医疗服务的可及性。例如，在一些山区或偏远农村地区，患者可以通过远程医疗设备与城市大医院的专家进行视频会诊，专家根据患者的病情和检查结果，制订个性化的治疗方案。

（二）智能医疗工具在健康管理中的应用优势

智能医疗工具在健康管理中的应用具有诸多优势。

首先，它们能够实现健康数据的实时采集和精准分析。传统的健康管理方式往往依赖于个体定期到医院进行体检，获取的健康数据较为有限且具有一定的滞后性。而智能医疗工具可以实时、连续地采集个体的生理数据，通过大数据分析和人工智能算法，对数据进行深度挖掘和分析，为个体提供更加精准的健康评估和个性化的健康建议。例如，通过对一个人长期的睡眠数据进行分析，智能健康管理系统可以准确判断其睡眠质量的好坏，分析睡眠问题的原因，并给出针对性的改善建议，如调整作息时间、改善睡眠环境、进行适当的放松训练等。

其次，智能医疗工具能够提高健康管理的效率和便捷性。个体无须频繁前往医院或健康管理机构，只需通过智能设备即可随时随地进行健康监测和管理。例如，用户可以在家中使用智能血压计测量血压，数据会自动上传到健康管理平台，医生可以实时查看并根据数据变化调整治疗方案。这种便捷、健康的管理方式不仅节省了时间和精力，还提高了个体参与健康管理的积极性和依从性。

最后，智能医疗工具还能够促进健康管理的个性化和精细化。每个人的身体状况和健康需求都是独特的，智能医疗工具可以根据个体的年龄、性别、遗传因素、生活习惯等多维度数据，为其制订个性化的健康管理方案。例如，对于糖尿病患者，智能健康管理系统可以根据其血糖监测数据、饮食记录、运动情况等，为其制订合理的饮食计划、运动方案和药物治疗建议，实现对糖尿病患者的精细化管理。

四、将生理健康转化为认知效能的提升路径

（一）通过健康的生活方式提升认知效能

健康的生活方式是将生理健康转化为认知效能的基础。

首先，保持充足的睡眠至关重要。睡眠是大脑进行自我修复和巩固记忆的重要时期。一般来说，成年人每天需要 7 ~ 8 小时的高质量睡眠，儿童和青少年则需要更多。为了提高睡眠质量，个体可以养成规律的作息时间，避免晚上熬夜，睡前避免使用电子设备，创造安静、舒适的睡眠环境等。例如，每晚 10 点前上床睡觉，早上 6 点左右起床，长期坚持这样的作息规律，有助于调整生物钟，

提高睡眠质量，进而提升白天的认知能力，使个体在工作和学习中更加专注、高效。

其次，均衡的饮食对认知效能的提升也起着关键作用。如前文所述，大脑需要多种营养素的支持才能正常运转。个体应保证饮食中富含蛋白质、碳水化合物、脂肪、维生素和矿物质等各类营养素。多吃新鲜的蔬菜、水果、全谷类食物、瘦肉、鱼类、坚果等，避免过多摄入高糖、高脂肪、高盐的食物。例如，每周食用 2 ~ 3 次深海鱼类，如三文鱼、鳕鱼等，这些鱼类富含的 Omega-3 脂肪酸对大脑的发育和认知功能具有重要的促进作用。同时，每天摄入足够的蔬菜和水果，保证维生素和矿物质的充足供应，有助于维持大脑的正常代谢和功能。

最后，适度的运动同样不可或缺。运动不仅可以增强身体素质，还能够促进大脑的血液循环和神经递质的分泌，提高认知能力。个体可以选择适合自己的运动方式，如散步、跑步、游泳、瑜伽、太极拳等，每周坚持进行至少 150 分钟的中等强度有氧运动。例如，每天早上或晚上进行 30 分钟的慢跑，能够有效提高心肺功能，增加大脑的氧气供应，使大脑更加清醒，思维更加敏捷。此外，运动还能够缓解压力和焦虑情绪，改善心理状态，为认知活动创造良好的心理环境。

（二）借助智能医疗干预提升认知效能

智能医疗干预为将生理健康转化为认知效能提供了更加精准和有效的手段。通过智能医疗工具对个体的生理指标进行实时监测和分析，能够及时发现潜在的健康问题，并采取相应的干预措施，避免健康问题对认知能力的影响。例如，对于高血压患者，智能血压监测设备可以实时监测血压的变化，当血压出现异常升高时，及时提醒患者调整生活方式或遵从医嘱服用降压药物，以维持血压稳定，减少高血压对脑血管的损害，从而保护患者的认知功能。

在认知训练方面，智能医疗技术也发挥着重要作用。一些基于人工智能的认知训练软件可以根据个体的认知水平和需求，制订个性化的认知训练方案。这些软件通过设计各种有趣的认知任务，如注意力训练、记忆力训练、思维能力训练等，帮助个体提高认知能力。例如，一款智能认知训练软件可以通过分析用户的认知测试结果，为其量身定制训练计划，每天安排 15 ~ 20 分钟的认知训练任务，如记忆游戏、逻辑推理练习等。经过一段时间的训练，用户的认知能力，尤其是注意力和记忆力，会得到明显提升，从而在工作和学习中表现得更加出色。

此外，智能医疗干预还可以通过改善心理健康状况来提升认知效能。心理健康与认知能力密切相关，长期的焦虑、抑郁等不良情绪会影响大脑的正常功能，降低认知能力。智能心理健康监测设备和应用程序可以通过分析个体的语音、表情、行为等数据，评估其心理状态，并在发现心理问题时及时提供心理疏导和干预建议。例如，一些智能心理健康应用程序可以通过用户的日常交流记录和行为模式，判断其是否存在焦虑或抑郁情绪，并为其提供相应的心理调节方法，如放松训练、认知行为疗法等。通过改善心理健康状况，个体能够保持积极的心态，提高认知效能。

五、构建抵御技术不确定性的身体基础

（一）技术不确定性对个体的影响

在 AI 时代，技术的快速发展和广泛应用带来了诸多不确定性。一方面，新技术的不断涌现可能导致传统职业的消失和新职业的产生，个体面临着职业转换和技能更新的压力。例如，随着自动化技术和人工智能的发展，一些重复性、规律性的工作岗位逐渐被机器取代，而新兴的数字技术、人工智能技术相关的职业对从业者的技能要求又截然不同。个体如果不能及时适应这种变化，就可能面临失业的风险。另一方面，技术的发展也可能会带来一些新的健康问题，如长时间使用电子设备导致的视力下降、颈椎疾病，以及网络信息过载引发的心理压力和焦虑等。此外，技术的不确定性还可能影响个体的社交方式和人际关系，进而对心理健康产生影响。例如，社交媒体的普及虽然方便了人们的沟通和交流，但也可能导致一些人沉迷其中，减少了现实生活中的社交互动，引发孤独感和抑郁情绪。

（二）以健康为基础应对技术不确定性

健康的身体和心理状态是个体应对技术不确定性的重要基础。

首先，良好的健康状况能够增强个体的适应能力和抗压能力。当面临职业转换和技能更新的压力时，健康的个体能够保持积极的心态，迅速调整自己的状态，投入新的学习和工作中。例如，一个身体健康、心理坚韧的人在面临失业风险时，能够积极寻找新的就

业机会，参加职业培训，提升自己的技能水平，以适应新的职业需求。相反，身体虚弱或心理脆弱的个体可能在面对压力时陷入焦虑和无助，难以采取有效的应对措施。

其次，健康的生活方式和良好的认知能力有助于个体跟上技术发展的步伐。通过保持健康的生活方式，个体能够维持良好的认知状态，提高学习能力和创新能力，更好地掌握新技术和新技能。例如，一个注重饮食健康、坚持运动、保持充足睡眠的人，其大脑的认知功能更加敏锐，能够更快地学习和理解新的知识和技术。同时，具备较高认知能力的个体能够更好地分析和应对技术发展带来的各种变化，把握新的机遇。

最后，通过智能医疗工具进行健康管理，能够及时发现和解决因技术发展带来的健康问题，减少健康问题对个体发展的负面影响。例如，对于因长时间使用电子设备导致视力下降的人群，智能医疗设备可以实时监测用眼情况，提醒用户注意休息，并提供相应的护眼建议和治疗方案。通过解决这些健康问题，个体能够保持良好的身体状态，更好地应对技术发展带来的各种挑战。

在 AI 时代，健康投资与认知发展的协同关系深刻影响着个体的发展轨迹。"健康寿命"作为人力资本的新维度，凸显了健康在个体价值创造中的重要地位。借助智能医疗工具优化健康管理，将生理健康转化为认知效能的提升路径，为个体构建了抵御技术不确定性的坚实的身体基础。我们必须充分认识到健康的杠杆作用，积极采取行动，通过全生命周期的健康管理，提升认知效能，实现个体的"认知复利"，在复杂多变的时代浪潮中打造"反脆弱"的精彩人生，为社会的进步和经济的发展贡献力量。

第三节 技能重组：AI 时代的"斜杠能力"构建法则

在 AI 时代，科技以前所未有的速度迭代更新，深刻地改变着各个行业的面貌，也使职业发展的轨迹发生了巨大转变。个体若要在这一充满变数的时代浪潮中打造"反脆弱"人生，实现普通人的"认知复利"，就必须深刻理解职业迭代规律，积极进行技能重组，构建适应时代需求的"斜杠能力"。这不仅关乎个人的职业发展与经济收入，更对社会的整体进步和稳定具有重要意义。

一、洞察职业迭代规律

（一）科技驱动下的职业变迁

科技始终是推动职业变迁的核心动力。回顾历史，工业革命时期，蒸汽机、纺织机等技术的发明，促使大量人口从农业生产转向工厂劳作，催生了纺织工、机械师等新兴职业，同时也让传统的手工匠人职业逐渐式微。进入电气时代，电力的广泛应用带动了电力工程师、电工等职业的兴起，并且改变了人们的生活方式，从而衍生出如电话接线员、电影放映员等新职业。而如今，AI 技术的蓬勃发展正在引发新一轮的职业变革。自动化生产线的普及使传统制造业中大量重复性、规律性的岗位被智能机器取代，例如，在汽车制造行业中，原本需要人工进行的焊接、组装等工作，现在已被自动化机器人高效完成。与此同时，与 AI 技术紧密相关的职业，如 AI 算法工程师、数据标注员、机器人维护工程师等如雨后春笋般涌现。据相关研究机构预测，未来几年内，AI 相关职业的岗位数量将以每年两位数的速度增长。

（二）市场需求导向的职业演变

市场需求的变化如同一只无形的大手，牵引着职业的发展方向。随着人们生活水平的提高，消费观念逐渐升级，对产品和服务的品质、个性化要求日益增强。在健康领域，由于人们对健康的重视程度不断提升，健身教练、营养师、健康管理师等职业变得供不应求。在文化娱乐领域，随着影视、游戏产业的繁荣，编剧、游戏设计师、特效师等职业需求旺盛。此外，随着环保意识的普及，环保工程师、垃圾分类处理专员等与环境保护相关的职业也开始受到关注。这些职业的兴起，无一不是市场需求驱动的结果。而那些无法满足市场需求的职业，则会逐渐被淘汰。例如，随着电子阅读的普及，传统的实体书店店员岗位需求大幅减少；随着线上购物的盛行，一些小型传统零售店铺的经营难以为继，相关从业人员的数量也随之下降。

（三）产业结构调整中的职业兴衰

产业结构调整对职业发展有着深远影响。当一个国家或地区的产业结构从劳动密集型向技术密集型、知识密集型转变时，职业结构也会相应发生变化。在我国过去以制造业、农业为主导的产业结构下，大量劳动力集中在生产一线和农业种植领域。然而，近年来，随着我国产业结构的优化升级，高端制造业、现代服务业、数字经济等新兴产业迅速崛起。在高端制造业中，精密仪器制造、航空航天制造等领域对具备先进技术和专业知识的工程师、技术工人的需求大增；在现代服务业中，金融科技、电子商务、文化创意等行业创造了众多新的职业岗位，如金融分析师、电商运营专员、文创策划师等。相反，一些传统产业中的低端、低效岗位则面临着被淘汰的命运。例如，传统煤炭、钢铁等行业在去产能的过程中，大量矿工、钢铁工人面临着转岗或失业。

二、引入"技能资产负债表"的概念

（一）概念阐释

"技能资产负债表"是一个形象的概念，它将个体所拥有的技能类比为企业的资产和负债，有助于我们更清晰地认识和管理个人技能。其中，技能资产是指那些能够为个体带来正向收益、提升其职业竞争力和市场价值的技能。这些技能可以是专业技术技能，如软件编程、数据分析、机械维修等，也可以是通用技能，如沟通能力、团队协作能力、创新思维能力等。例如，一位具备熟练编程技能的软件工程师，凭借这一技能能够在软件公司获得稳定的工作和较高的收入，编程技能就是他重要的技能资产。而技能负债则是指那些在当前市场环境下，对个体职业发展作用有限，甚至可能阻碍个体适应新变化的技能。比如，某些传统手工制作技能，在工业化、自动化生产的冲击下，市场需求大幅减少，如果个体过度依赖这些技能，而又缺乏其他适应时代发展的技能，那么这些传统手工技能就成了他的技能负债。

（二）评估与管理

1.定期评估技能资产

个体应定期对自己的技能资产进行全面评估。首先，要明确各项技能在当前市场环境下的价值。可以通过研究行业报告、分析招聘信息、与同行交流等方式，了解不同技能的市场需求和薪酬水平。例如，通过查看招聘网站上关于数据分析师岗位的要求和薪资待遇，就可以大致了解数据处理、数据分析工具使用等相关技能的市场价值。其次，要评估技能的可迁移性。一些技能具有较强的通用性和可迁移性，如沟通能力、项目管理能力等，在不同行业和岗位都能发挥作用，而一些专业性较强的技能，可迁移性相对较弱。最后，个体应重点培养和提升具有高价值、高可迁移性的技能资产。

2.识别并减少技能负债

及时识别技能负债同样重要。个体要审视自己所掌握的技能中，哪些已经逐渐跟不上时代发展的步伐，哪些在当前市场中需求逐渐减少。对于这些技能负债，个体可以通过学习新知识、新技能，对现有技能进行升级改造，或者干脆放弃对这些技能的依赖，重新学习适应市场需求的新技能。例如，一位传统的印刷工人，随着数字化印刷技术的普及，其掌握的传统印刷技能逐渐成为技能负债。此时，他可以学习数字化印刷技术，或者转型学习与印刷相关的设计技能，从而将技能负债转化为技能资产。

3.优化技能组合

在评估技能资产和负债的基础上，个体要对自己的技能组合进行优化。根据个人的职业规划、兴趣爱好以及市场需求，合理分配时间和精力，学习和提升不同类型的技能，形成一个多元化、互补性强的技能体系。例如，一名市场营销人员，除了掌握传统的市场营销知识和技能外，还可以学习数据分析技能，以便更好地分析市场数据、制定精准的营销策略；同时提升沟通能力和团队协作能力，能够更好地与团队成员、客户进行沟通合作。通过这样的技能组合优化，提高自己在职业市场中的竞争力。

三、跨学科能力嫁接

（一）跨学科能力的重要性

在 AI 时代，问题往往具有复杂性和综合性，仅凭单一学科的知识和技能难以有效解决。跨学科能力能够使个体从多个角度看待问题，综合运用不同学科的知识和方法，提出创新性的解决方案。例如，在医疗领域，随着 AI 技术的应用，医学与计算机科学、统计学等学科的交叉融合越发紧密。在医学影像诊断中，需要医学专业人员与计算机工程师、数据科学家合作，利用 AI 算法对医学影像进行分析，提高疾病诊断的准确性。具备跨学科能力的医学影像科医生，不仅要掌握医学知识，还要了解计算机图像处理技术和数据分析方法，这样才能够更好地与团队成员协作，推动医疗技术的创新发展。在建筑设计领域，建筑设计师需要具备建筑工程、美学、环境科学等多学科知识。他们不仅要设计出美观、实用的建筑外观，还要考虑建筑的结构安全性、节能环保等因素。跨学科能力能够让设计师在设计过程中综合权衡各方面因素，打造出更加优质的建筑作品。

（二）跨学科能力的培养途径

1. 自主学习与探索

个体可以通过自主学习不同学科的知识，拓宽自己的知识视野。利用在线学习平台、图书馆资源、学术讲座等多种渠道，学习与自己专业相关或感兴趣的其他学科知识。例如，一名机械工程师想要提升跨学科能力，可以通过在线课程学习材料科学、自动化控制等相关学科知识，了解不同材料的性能特点以及自动化控制技术在机械制造中的应用。同时，积极参与相关的学术论坛、行业交流活动，与不同学科的专业人士交流探讨，分享经验和见解，进一步加深对跨学科知识的理解和应用。

2. 参与跨学科项目

参与跨学科项目是培养跨学科能力的有效途径。在项目中，个体能够与来自不同学科背景的团队成员合作，共同解决实际问题。

例如，一个智能城市规划项目，需要城市规划师、计算机科学家、交通工程师、环境专家等多学科专业人员共同参与。参与该项目的城市规划师可以在与其他团队成员的协作过程中，学习计算机科学中关于城市数据采集与分析的方法，了解交通工程师对城市交通流量规划的思路，以及环境专家对城市生态环境保护的要求。通过实际项目的锻炼，城市规划师能够将不同学科的知识和方法融入自己的工作中，提升跨学科能力。

3. 攻读跨学科专业或课程

有条件的个体可以选择攻读跨学科专业或参加跨学科课程学习。许多高校和教育机构都开设了跨学科专业和课程，如生物信息学、金融科技等。通过系统地学习，个体能够深入掌握多个学科的核心知识和方法，并学习如何将这些知识进行整合应用。例如，攻读金融科技专业的学生，既要学习金融学的基本理论和金融市场运作知识，又要掌握计算机编程、大数据分析等技术，从而具备将金融知识与科技手段相结合的跨学科能力，适应金融行业数字化转型的发展需求。

四、数字工具赋能

（一）数字工具在技能提升中的作用

数字工具为个体技能提升提供了强大的助力。在学习方面，各种在线学习平台、教育类 App 等数字工具，打破了时间和空间的限制，为个体提供了丰富的学习资源。例如，慕课（MOOC）平台汇聚了全球顶尖高校的优质课程，涵盖了各个学科领域，个体可以根据自己的需求和兴趣，随时随地学习。在技能实践方面，数字工具能够模拟真实场景，让个体在虚拟环境中进行技能训练。比如，在航空航天领域，飞行员可以通过飞行模拟器这一数字工具，进行飞行操作训练，模拟各种飞行场景，提高飞行技能。在技能展示方面，数字工具为个体提供了广阔的平台。社交媒体、专业技能分享平台等，使个体能够将自己的技能成果展示给更多人，获得反馈和认可。例如，一名设计师可以在设计作品分享平台上展示自己的设计作品，吸引潜在客户，同时也能从其他设计师的作品中获取灵感，提升自己的设计水平。

（二）利用数字工具提升技能的策略

1. 精准选择数字工具

面对琳琅满目的数字工具，个体要根据自己的学习目标和技能提升需求，精准选择合适的工具。例如，对于想要提升英语听说能力的个体，可以选择英语学习类 App，如百词斩、英语流利说等。百词斩以其独特的单词记忆方法，通过图片、例句等多种形式帮助用户记忆单词；英语流利说则专注于英语口语训练，提供了丰富的口语练习场景和智能评分功能。对于想要学习编程的个体，可以选择在线编程学习平台，如慕课网、网易云课堂等，这些平台提供了系统的编程课程，并且有在线编程环境，方便用户进行实践操作。

2. 深入学习与应用数字工具

一旦选择了合适的数字工具，个体就要深入学习其功能和使用方法，充分发挥数字工具的优势。以数据分析软件 Excel 为例，它不仅可以进行简单的数据录入和计算，还具备强大的数据处理和分析功能，如数据透视表、函数应用、图表制作等。个体要通过学习教程、实际操作等方式，熟练掌握这些功能，能够运用 Excel 对大量数据进行清洗、分析，并生成直观的图表，为决策提供数据支持。同时，要关注数字工具的更新升级，及时掌握新功能，提升工作效率和技能水平。

3. 整合数字工具，形成技能提升体系

个体可以将多种数字工具进行整合，形成一个有机的技能提升体系。例如，一名自媒体创作者可以利用思维导图软件 Xmind 进行内容策划，梳理文章或视频的结构框架；利用在线文档协作工具腾讯文档进行内容创作，方便团队成员之间的协作和修改；利用视频编辑软件剪映进行视频制作和剪辑，添加特效、字幕等元素；最后利用社交媒体平台如微信公众号、抖音等进行内容发布和推广。通过整合这些数字工具，自媒体创作者能够提高创作效率，提升作品质量，打造出具有个人特色的自媒体品牌。

五、将重复性劳动转化为可迁移的认知资本

（一）重复性劳动的现状与困境

在传统就业模式中，存在着大量的重复性劳动岗位，如工厂流水线工人、客服人员、数据录入员等。这些岗位的工作内容往往单

调、机械，对劳动者的技能要求相对较低。随着 AI 技术的发展，这些重复性劳动岗位面临着被智能机器替代的巨大风险。例如，工厂中的自动化生产线能够不知疲倦地进行重复生产操作，且生产效率和质量远超人工；智能客服系统能够快速、准确地回答客户的常见问题，大大减少了对人工客服的需求。从事重复性劳动的劳动者，如果不进行技能转型，将面临失业的困境。同时，劳动者长期从事重复性劳动，自身的技能提升空间将会受到限制，其职业发展将会受到严重制约。

（二）转化为认知资本的方法

1. 挖掘重复性劳动中的知识与经验

虽然重复性劳动本身较为单调，但其中往往蕴含着丰富的知识和经验。例如，工厂流水线工人在长期的生产操作过程中，对产品的生产工艺、质量控制要点等有着深刻的认识；客服人员在与客户的沟通中，积累了丰富的客户需求分析、问题解决经验。劳动者要善于挖掘这些知识和经验，将其进行总结和提炼。工厂流水线工人可以总结产品生产过程中的常见问题及解决方法，形成操作手册；客服人员可以整理客户反馈的常见问题类型及应对策略，为企业改进产品和服务提供参考。通过这样的方式，将重复性劳动中的隐性知识转化为显性知识，为进一步提升技能奠定基础。

2. 运用数字工具和创新思维优化工作流程

劳动者可以借助数字工具，对重复性劳动的工作流程进行优化。例如，数据录入员可以利用自动化数据录入软件，减少手动录入的工作量，提高工作效率。同时，要培养创新思维，思考如何对工作进行改进和创新。例如，工厂流水线工人可以提出改进生产工艺的建议，通过优化生产流程，减少生产环节中的浪费，提高生产效率。通过运用数字工具和创新思维，劳动者不仅能够提升工作效率，还能在这个过程中学习到新的知识和技能，实现从单纯的重复性劳动向知识型、创新型劳动的转变。

3. 将积累的知识和经验进行迁移应用

劳动者要将在重复性劳动中积累的知识和经验进行迁移应用，拓展自己的职业发展空间。例如，具有丰富客户沟通经验的客服人员，可以将这些经验应用到市场营销领域，从事客户关系管理、市场推广等工作。他们能够更好地理解客户需求，制定有针对性的营销策略，提高营销效果。通过知识和经验的迁移应用，劳动者能够将原本局限于重复性劳动的技能转化为可迁移的认知资本，在不同的职业领域中发挥作用，提升自己的职业选择权。

在 AI 时代的浪潮中，深刻理解职业迭代规律，运用"技能资产负债表"的概念管理个人技能，积极进行跨学科能力嫁接和数字工具赋能，将重复性劳动转化为可迁移的认知资本，是个体构建"斜杠能力"、保持职业选择权的关键所在。这不仅是个体实现自身价值、打造"反脆弱"人生的必由之路，也是推动社会经济持续发展、适应时代变革的重要力量。我们必须紧跟时代步伐，积极行动起来，不断提升自己的技能水平，在这场科技变革的浪潮中书写属于自己的精彩篇章。

第四节　终身进化：从"生存焦虑"到"认知资产"的跃迁路径

在 AI 时代的浪潮席卷下，技术变革以前所未有的速度重塑着人类社会的生产生活方式。面对技术替代带来的职业不确定性，普通人普遍陷入"生存焦虑"的困境。如何打破这一困局，实现从被动应对到主动进化的转变？答案在于构建"人—技术—制度"协同演进模型，依托政策支持下的终身学习生态，将碎片化知识整合成可量化的认知资产，把终身学习转化为可持续的价值创造能力。这不仅是个体在技术革命中保持主体性的关键，更是实现"认知复利"、打造"反脆弱"人生的核心路径。

一、"人—技术—制度"协同演进模型解析

（一）模型的构成要素

"人—技术—制度"协同演进模型由三个紧密关联的要素构成：人、技术、制度。人作为核心主体，是知识获取、技能提升与价值创造的源泉，其认知水平、学习能力和创新意识直接决定了个体在技术变革中的适应能力和发展潜力。技术是推动社会进步的重要动力，在 AI 时代，技术的快速迭代不断创造新的职业机会，也淘汰着

旧有的工作模式，它既是个体需要掌握的工具，也是驱动个体进化的外部力量。制度则包括国家政策、企业管理制度、社会文化规范等，为人与技术的互动提供规则框架和资源支持，良好的制度能够引导和激励个体积极学习新技术，促进技术的合理应用与创新发展。

（二）协同演进的内在逻辑

这三个要素并非孤立存在，而是相互影响、协同发展。技术的进步会引发职业结构的变化，对人的能力提出新要求，从而促使个体主动学习和提升自我。例如，大数据技术的广泛应用，使得市场对数据分析人才的需求激增，从业者为了适应这一变化，纷纷学习数据分析技能。而人的能力提升又会推动技术的进一步创新，当更多具备数据分析能力的人才涌入市场，他们在实践中会不断发现技术应用的新场景、新需求，进而推动大数据技术向更精准、更智能的方向发展。制度在其中起到协调和保障的作用，例如国家制定职业技能培训补贴政策、企业建立鼓励员工学习新技术的奖励制度等，为个体学习和技术创新提供资源和动力，促进人与技术的良性互动，形成协同演进的闭环。

二、政策支持下终身学习生态的构建

（一）国家层面的政策引导

国家政策是构建终身学习生态的重要支撑。近年来，我国出台了一系列政策来推动终身学习体系建设。在职业教育领域，《国家职业教育改革实施方案》明确提出深化产教融合、校企合作，鼓励企业参与职业教育，为劳动者提供多样化的技能培训机会。例如，政府通过财政补贴等方式，支持企业与职业院校合作开展订单式培养，让学生在学习过程中就能接触到实际工作场景，毕业后能够迅速适应岗位需求。在继续教育方面，国家大力发展在线教育，建设国家开放大学等平台，为社会成员提供丰富的线上课程资源，打破了学习的时间和空间限制，使人们能够根据自己的需求和时间安排进行学习。此外，个人所得税专项附加扣除政策中包含继续教育扣除项目，鼓励个人提升自我，减轻学习成本负担，激发社会成员参与终身学习的积极性。

（二）企业参与终身学习生态建设

企业作为市场主体，在终身学习生态建设中发挥着重要作用。越来越多的企业意识到，员工的能力提升与企业的发展息息相关，因此纷纷积极构建企业内部的学习体系。一方面，企业加大对员工培训的投入，设立专门的培训部门或与外部培训机构合作，根据企业战略和业务需求，为员工提供定制化的培训课程。例如，科技企业会定期组织员工参加人工智能、云计算等新技术培训，提升员工的专业技能，以适应行业发展趋势。另一方面，企业积极营造良好的学习氛围，建立学习型组织。通过设立内部学习社群、举办技术分享会、开展创新竞赛等活动，鼓励员工之间相互学习、交流经验，激发员工的学习热情和创新活力。此外，一些企业还为员工提供学习时间和资源支持，例如允许员工在工作时间内参加一定时长的学习培训，为员工购买专业书籍和在线学习课程等。

（三）社会力量的协同参与

除了国家和企业，社会力量也是终身学习生态构建的重要参与者。各类社会组织、行业协会积极开展职业技能培训、知识讲座等活动，为社会成员提供多元化的学习渠道。例如，行业协会会定期举办行业研讨会和技能培训课程，邀请行业专家分享前沿知识和实践经验，帮助从业者了解行业动态，提升专业技能。同时，互联网企业利用自身技术优势，开发了众多在线学习平台和教育类应用程序，如慕课平台、知识付费平台等。这些平台汇聚了丰富的学习资源，涵盖各个学科和领域，满足了不同人群的学习需求。此外，社区也在终身学习生态中发挥着作用，通过开展社区教育活动，如文化艺术培训、健康知识讲座等，丰富居民的精神文化生活，提升居民的综合素质。

三、碎片化知识整合为认知资产的路径

（一）碎片化知识的特点与挑战

在信息爆炸的时代，人们获取知识的渠道日益多样化，碎片化知识大量涌现。这些知识具有传播速度快、内容丰富多样、获取便捷等特点，但也存在系统性不足、深度有限、难以留存等问题。例

如，人们通过社交媒体、短视频平台等渠道获取的知识往往是零散的、片段化的，缺乏完整的知识体系架构。而且，由于信息更新速度快，这些碎片化知识容易被新的信息覆盖，难以在人们的记忆中形成长期、深刻的印象。对于个体而言，如何从海量的碎片化知识中筛选出有价值的内容，并将其整合为系统的认知资产，是面临的一大挑战。

（二）知识筛选与分类

要将碎片化知识整合为认知资产，首先要进行知识筛选与分类。个体应根据自身的学习目标、职业发展需求和兴趣爱好，确定知识筛选的标准。例如，对于一名市场营销从业者来说，与市场趋势分析、消费者行为研究、营销策划等相关的知识是有价值的。在筛选过程中，可以利用信息过滤工具，如新闻资讯类应用的个性化推荐设置、在线学习平台的课程分类筛选功能等，快速定位到符合需求的知识内容。同时，建立知识分类体系，将筛选出的知识按照不同的主题、领域和层次进行分类整理。比如，可以将市场营销知识分为市场调研、品牌建设、渠道管理等类别，然后在每个类别下进一步细分具体的知识点，便于后续的学习和管理。

（三）知识系统化与深度加工

对筛选分类后的碎片化知识进行系统化和深度加工是关键环节。个体可以通过构建知识框架的方式，将零散的知识点串联起来，形成完整的知识体系。例如，在学习市场营销知识时，以市场营销的核心流程为框架，将市场调研、产品定位、价格策略、渠道推广、促销活动等知识点融入其中，清晰地展现各知识点之间的逻辑关系。在深度加工方面，通过阅读专业书籍、参加系统培训课程、与同行交流讨论等方式，对知识进行深入理解和拓展。例如，对于市场调研知识，不仅要了解基本的调研方法和工具，还要深入学习如何设计有效的调研问卷、分析调研数据，以及根据调研结果制定营销策略。此外，撰写学习笔记、制作思维导图、进行案例分析等也是深度加工知识的有效方式，能够帮助个体加深对知识的理解和记忆，将碎片化的知识真正内化为自己的认知。

（四）知识的应用与价值转化

将整合后的认知资产应用于实践并实现价值转化是碎片化知识整合的最终目标。个体应积极寻找知识应用的场景，将所学知识运用到工作、生活和创新活动中。例如，市场营销从业者将市场调研和营销策划知识应用到实际的营销项目中，通过制定科学的营销策略，提高产品的市场占有率，为企业创造价值。在应用过程中，不断总结经验教训，对知识进行优化和完善。同时，通过知识分享、技能传授、创新成果转化等方式，将个人的认知资产转化为社会价值。比如，将自己的学习经验和实践成果写成文章发表在专业媒体上，为同行提供参考；参与技术创新项目，将创新成果转化为实际产品或服务，推动行业发展。通过知识的应用与价值转化，个体的认知资产不断增值，从而实现从知识到能力、从能力到价值的跃迁。

四、终身学习与可持续价值创造能力的构建

（一）终身学习是价值创造的基础

在 AI 时代，技术更新换代迅速，知识的半衰期不断缩短，只有坚持终身学习，个体才能持续提升自己的能力，适应不断变化的市场需求，为价值创造奠定基础。终身学习不仅包括对专业知识和技能的学习，还涵盖对新思维、新方法、新文化的学习。例如，一名程序员如果不持续学习新的编程语言和开发框架，就会逐渐被行业淘汰；而具备终身学习意识的程序员，会不断关注行业动态，学习新技术，开发出更具创新性和竞争力的软件产品，为企业和社会创造价值。此外，终身学习能够培养个体的学习能力和适应能力，使个体在面对未知领域和复杂问题时，能够快速学习和掌握相关知识，找到解决问题的方法，从而创造更多的价值。

（二）将终身学习转化为价值创造能力的策略

1. 培养创新思维

创新是价值创造的核心动力。个体在终身学习过程中，应注重培养创新思维，突破传统思维模式的束缚。通过学习跨学科知识、关注行业前沿动态、参与创新实践活动等方式，拓宽视野，激发创新灵感。例如，在学习过程中，尝试将不同领域的知识和方法进行融合，寻找新的解决方案；关注行业内的创新案例和技术趋势，从中获得启发，提出自己的创新想法。

2. 强化实践能力

实践是检验真理的唯一标准，也是将知识转化为价值的关键环节。个体应积极参与实践活动，比如参加企业的实际项目、开展创业实践、参与社会公益活动等，不断积累经验，并将其应用到实际工作和生活中。通过实践，个体可以提高自己的动手能力、团队协作能力、沟通能力和解决实际问题的能力，将知识转化为实际成果，创造价值。

3. 建立个人品牌

在终身学习过程中，个体应注重建立和维护个人品牌。通过持续输出高质量的知识内容、展示专业技能和创新成果，树立自己在特定领域的专业形象和声誉。个人品牌能够提高个体的知名度和影响力，为价值创造提供更多的机会。例如，一名行业专家通过在专业媒体上发表文章、在行业会议上演讲、参与线上知识分享等方式，建立了自己的个人品牌，吸引了更多的合作机会和资源，从而实现更大的价值创造。

（三）在技术革命中保持主体性

在技术快速发展的时代，个体容易被技术所支配，失去主体性。而将终身学习转化为可持续的价值创造能力，是个体在技术革命中保持主体性的关键。通过持续学习和能力提升，个体能够掌握技术的原理和应用方法，而不是仅仅被动地接受技术带来的改变。

例如，在 AI 技术应用日益广泛的今天，具备数据分析和算法开发能力的个体，能够参与 AI 技术的研发和应用过程，主导技术的发展方向，而不是被 AI 技术所替代。同时，个体在价值创造过程中，能够实现自我价值，获得成就感和满足感，从而更加坚定地追求终身学习，形成良性循环，在技术革命中始终保持主动地位，不被时代所淘汰。

在 AI 时代的变革浪潮中，个体唯有构建"人—技术—制度"协同演进模型，依托政策支持下的终身学习生态，将碎片化知识整合成认知资产，并将终身学习转化为可持续的价值创造能力，才能实现从"生存焦虑"到"认知资产"的跃迁，在技术革命中保持主体性，打造"反脆弱"人生。这不仅是个体实现自我发展的必由之路，也是推动社会进步和经济发展的重要力量。随着终身学习理念的深入人心和学习生态的不断完善，每个人都有机会在终身学习的道路上实现自身价值，为社会创造更多的财富。

1. 提供海量学习资源

数字工具打破了时间与空间的限制，汇聚了全球范围内的海量学习资源。在线课程平台如 Coursera、EdX 等，涵盖了从基础学科到前沿科技、从艺术人文到职业技能的各类课程，学习者足不出户便能跟随顶尖学府的教授进行系统学习。知识分享社区如知乎、简书等，每天都有大量专业人士分享经验见解、行业动态，为人们拓宽知识面、了解不同领域提供了便捷途径。这些丰富多样的资源，让技能提升不再受限于传统教育资源的匮乏，任何人在任何时候都能找到适合自己的学习内容。

2. 实现个性化学习

每个人的学习节奏、风格和需求各不相同，数字工具能够精准适配这种个性化差异。智能学习软件通过对用户学习行为数据的分析，如答题准确率、学习时长、重复学习内容等，为用户量身定制学习计划，推荐最适合的学习路径和内容。例如，语言学习软件 Duolingo 会根据用户对词汇、语法等知识点的掌握程度，动态调整后续学习内容的难度和侧重点，让学习过程更加高效。这种个性化学习模式，使学习者能够充分发挥自身优势，更快地提升技能。

3. 模拟真实场景实践

许多技能的提升离不开实践操作，但传统方式往往难以创造真实有效的实践环境。数字工具通过虚拟现实（VR）、增强现实（AR）和模拟软件等技术，构建出高度逼真的模拟场景。在医学教育领域，医学生可以借助 VR 设备进行手术模拟训练，在虚拟环境中反复练习操作技巧，既避免了在真实患者身上操作的风险，又能获得近乎真实的实践体验。工程领域的学生利用模拟软件对建筑结构、机械运行等进行模拟分析，提前发现设计问题并优化方案。通过模拟真实场景实践，学习者能够将理论知识快速转化为实际操作能力，加速技能提升进程。

（四）利用数字工具提升技能的策略

1. 明确学习目标，筛选优质数字工具

面对琳琅满目的数字工具，首先要明确自己想要提升的技能及

具体学习目标。若目标是提升编程技能，可选择如 LeetCode、牛客网等专注于编程练习和面试准备的平台，以及 GitHub 这样的代码托管与交流社区。如果旨在提升职场办公技能，像 WPS 学院、网易云课堂中的相关办公软件课程则是不错的选择。依据学习目标，通过查看用户评价、专业测评等方式，筛选出功能强大、口碑良好且适合自身水平的数字工具，避免在无效或低质量的工具上浪费时间和精力。

2. 制订系统学习计划，合理安排使用时间

选定数字工具后，制订详细的系统学习计划至关重要。将学习过程分解为阶段性小目标，并为每个阶段设定合理的时间节点。例如，使用在线编程课程学习 Python 语言，可规划第一周完成基础语法学习，第二周进行简单项目实践，每周固定安排一定时长用于在编程练习平台刷题巩固。同时，要注意合理安排使用数字工具的时间，避免过度沉迷或因长时间使用导致疲劳。可以采用番茄工作法等时间管理技巧，将学习时间划分为多个 25 分钟的工作时段和 5 分钟的休息时段，每完成 4 个工作时段进行一次较长时间的休息，以保持高效学习状态。

3. 积极参与互动交流，深度挖掘工具功能

数字工具不仅是学习资源的载体，更是互动交流的平台。积极参与数字工具提供的社区、论坛等互动板块，与其他学习者、行业专家交流经验、分享见解、答疑解惑。在参与编程竞赛平台的竞赛项目时，与队友协作交流，从不同思路和解决方案中汲取灵感，提

升自己的编程思维和团队协作能力。此外，深入研究数字工具的各项功能，充分发挥其潜在价值。很多软件除了基础功能外，还有一些高级功能和插件，如办公软件的宏功能、学习软件的自定义学习模式等，通过探索和运用这些功能，能够进一步优化学习过程，提高技能提升效率。

在终身学习的道路上，数字工具已然成为不可或缺的得力助手。只要我们善于利用其在技能提升中的优势，制定科学合理的使用策略，就能够逐步化解"生存焦虑"，积累丰富的"认知资产"，实现自身的终身进化与成长。

五、将重复性劳动转化为可迁移的认知资本

（一）重复性劳动的现状与困境

在传统就业模式中，存在着大量重复性劳动岗位，如工厂流水线工人、客服人员、数据录入员等。这些岗位的工作内容往往单调、机械，对劳动者的技能要求相对较低。随着 AI 技术的发展，这些重复性劳动岗位面临着被智能机器替代的巨大风险。例如，工厂中的自动化生产线能够不知疲倦地进行重复生产操作，且生产效率和质量远超人工；智能客服系统能够快速、准确地回答客户的常见问题，大大减少了对人工客服的需求。从事重复性劳动的劳动者，如果不进行技能转型，将面临失业的困境。同时，长期从事重复性劳动，劳动者自身的技能提升空间有限，职业发展受到严重制约。

（二）转化为认知资本的方法

1. 挖掘重复性劳动中的知识与经验

虽然重复性劳动本身较为单调，但其中往往蕴含着丰富的知识和经验。例如，工厂流水线工人在长期的生产操作过程中，对产品的生产工艺、质量控制要点等有着深刻的认识；客服人员在与客户的沟通中，积累了丰富的客户需求分析、问题解决经验。劳动者要善于挖掘这些知识和经验，将其进行总结和提炼。工厂流水线工人可以总结产品生产过程中的常见问题及解决方法，形成操作手册；客服人员可以整理客户反馈的常见问题类型及应对策略，为企业改进产品和服务提供参考。通过这样的方式，将重复性劳动中的隐性知识转化为显性知识，为进一步提升技能奠定基础。

2. 运用数字工具和创新思维优化工作流程

劳动者可以借助数字工具，对重复性劳动的工作流程进行优化。例如，数据录入员可以利用自动化数据录入软件，减少手动录入的工作量，提高工作效率。同时，要培养创新思维，思考如何对工作进行改进和创新。例如，工厂流水线工人可以提出改进生产工艺的建议，通过优化生产流程，减少生产环节中的浪费，提高生产效率。通过运用数字工具和创新思维，劳动者不仅能够提升工作效率，还能在这个过程中学习到新的知识和技能，实现从单纯的重复性劳动向知识型、创新型劳动的转变。

3. 将积累的知识和经验进行迁移应用

劳动者要将在重复性劳动中积累的知识和经验进行迁移应用，拓展自己的职业发展空间。例如，具有丰富客户沟通经验的客服人员，可以将这些经验应用到市场营销领域，从事客户关系管理、市场推广等工作。他们能够更好地理解客户需求，制定有针对性的营销策略，提高营销效果。通过知识和经验的迁移应用，劳动者能够将原本局限于重复性劳动的技能转化为可迁移的认知资本，在不同的职业领域中发挥作用，提升自己的职业选择权。

在 AI 时代的浪潮中，深刻理解职业迭代规律，运用"技能资产负债表"概念管理个人技能，积极进行跨学科能力嫁接和数字工具赋能，将重复性劳动转化为可迁移的认知资本，是个体构建"斜杠能力"、保持职业选择权的关键所在。这不仅是个体实现自身价值、打造"反脆弱"人生的必由之路，也是推动社会经济持续发展、适应时代变革的重要力量。我们必须紧跟时代步伐，积极行动起来，不断提升自己的技能水平，在这场科技变革的浪潮中书写属于自己的精彩篇章。

第五章

企业创新：

人力资本的"乘数效应"实验

——从"人力成本"到"人才驱动"的蜕变

第一节　战略重构：从"人力成本"到
"创新资本"的认知跃迁

在当今全球经济格局深刻调整、科技竞争日益激烈的时代背景下，企业的发展面临着前所未有的机遇与挑战。传统的人力资源管理模式已难以适应新时代的要求，企业若要在激烈的市场竞争中脱颖而出，实现可持续发展，必须突破传统人力资源管理框架的束缚，完成从将人才视为"人力成本"到"创新资本"的认知跃迁。这一转变不仅关乎企业的核心竞争力，更是推动企业从"人力成本"驱动向"人才驱动"蜕变的关键所在。通过构建"选育用留"全周期体系，聚焦研发、技术、管理等关键领域的人才储备，积极推动"人口红利"向"人才红利"转化，并参考国家政策导向，加大教育、技能培训投入，建立产学研协同机制，使员工能力与企业战略高度匹配，方能在创新驱动发展的道路上阔步前行。

一、突破传统人力资源管理框架的必要性

（一）传统框架的局限性

传统的人力资源管理框架，往往将人力单纯视为一种成本。在

这种理念下，企业在人力资源管理方面主要关注的是如何降低人力成本，如通过控制员工数量、削减薪酬福利等方式来减少开支。在人员招聘上，侧重于寻找能够满足当前岗位基本要求、薪资期望较低的人员，而对员工的潜力和创新能力关注不足。在培训与发展方面，投入相对有限，仅针对岗位所需的基本技能进行培训，缺乏对员工综合素质和创新能力的培养。在绩效考核上，过于注重短期业绩指标，忽视了员工的长期发展和对企业创新的贡献。这种以成本控制为导向的管理模式，虽然在一定程度上能够降低企业的运营成本，但却严重制约了企业的创新能力和长期发展潜力。例如，一些劳动密集型企业为了降低人力成本，大量招聘低技能、低薪员工，忽视了对员工技能提升和创新能力的培养。随着市场竞争的加剧和劳动力成本的上升，这些企业逐渐陷入了利润微薄、创新乏力的困境，难以在市场中立足。

（二）新经济环境对企业人才管理的要求

随着新经济时代的到来，以数字经济、人工智能、大数据等为代表的新兴技术蓬勃发展，市场竞争日益激烈且呈现出多样化的态势。在这种环境下，企业的创新能力成为决定其生死存亡的关键因素。创新不仅体现在产品和技术的更新换代上，还体现在企业的管理模式、商业模式等各个方面。而创新的源泉正是企业所拥有的人才。企业需要具备创新思维、跨学科知识和专业技能的人才，能够敏锐地捕捉市场变化，提出创新性的解决方案。同时，新经济环境下企业的发展速度加快，业务变化频繁，这就要求企业的人才具备较强的学习能力和适应能力，能够快速掌握新知识、新技能，适应企业战略调整和业务拓展的需求。例如，在互联网行业，产品的更新迭代速度极快，企业需要研发人员不断创新，推出符合市场需求的新产品和新功能。同时，随着业务的拓展，企业需要管理人员具备跨领域的管理能力，能够协调不同部门之间的工作，推动企业的整体发展。传统的人力资源管理框架显然无法满足这些在新经济环境下对企业人才管理的要求，企业必须进行战略重构，将人才视为创新资本，以适应时代的发展。

二、构建"选育用留"全周期体系

在技术革新与产业转型浪潮席卷全球之际，人才不仅是企业发展的核心资源，更是驱动创新的第一动力。构建"选育用留"全周期体系（见图5-1），正是将人才战略从单一环节的优化升级为系统化的生态工程，最大限度地激发人才要素活力。

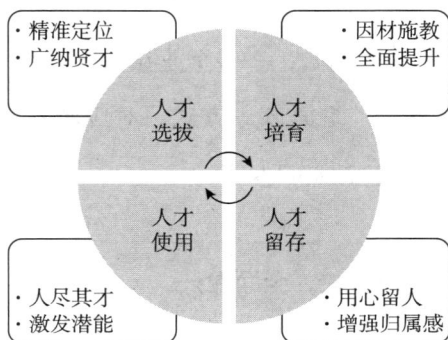

图5-1　"选育用留"全周期体系

（一）人才选拔：精准定位，广纳贤才

人才选拔是企业人才管理的首要环节。企业应根据自身的战略规划和业务需求，精准定位所需人才的类型和特点。在研发领域，需要选拔具有扎实专业知识、创新思维和实践能力的人才，他们能够在技术创新、产品研发等方面发挥关键作用。例如，一家生物医药企业在研发新型药物时，需要选拔具有医学、生物学、药学等专业背景，且具备创新研发能力的科研人才。在技术领域，要选拔掌握先进技术、具备解决复杂技术问题能力的人才，以推动企业的技术升级和工艺改进。对于管理领域，应选拔具有战略眼光、卓越领导能力和团队管理经验的人才，能够引领企业朝着正确的方向发展，协调各部门之间的工作，提高企业的运营效率。

为了广纳贤才，企业应拓宽招聘渠道，除了传统的招聘网站、校园招聘等方式外，还可以利用社交媒体、行业论坛、人才推荐等多种渠道吸引人才。同时，企业要优化招聘流程，采用科学的人才测评工具和方法，全面评估应聘者的专业技能、综合素质、创新能力和团队协作能力等。例如，一些企业在招聘过程中采用了在线编程测试、案例分析、小组面试等方式，对应聘者进行全方位的考察，确保选拔出最适合企业的人才。

（二）人才培育：因材施教，全面提升

人才培育是提升员工能力、实现人才价值增值的重要手段。企业应根据员工的岗位需求、个人特点和职业发展规划，制订个性化

的培训计划。在研发人才培育方面，企业可以组织内部培训课程、邀请行业专家进行讲座、开展技术研讨交流活动等，帮助研发人员了解行业最新技术动态，提升专业技术水平。同时，鼓励研发人员参与企业的研发项目，在实践中积累经验，提高创新能力。例如，华为公司建立了完善的研发人才培育体系，通过内部的华为大学为研发人员提供丰富的培训课程，包括技术研发、项目管理、创新思维等方面的内容。同时，华为鼓励研发人员参与全球范围内的科研合作项目，拓宽视野，提升研发能力。

对于技术人才，企业要加强对新技术、新工艺的培训，提高他们的技术应用能力和解决实际问题的能力。可以通过与高校、科研机构合作，开展联合培训项目，让技术人员接触到前沿技术。在管理人才培育方面，企业可以开展领导力培训、战略管理培训、团队管理培训等课程，提升管理人员的领导能力和管理水平。此外，企业还应注重员工的综合素质培养，包括沟通能力、团队协作能力、创新能力等。通过开展拓展训练、团队建设活动等方式，促进员工之间的交流与合作，培养员工的团队精神和创新意识。

（三）人才使用：人尽其才，激发潜能

合理使用人才是发挥人才价值的关键。企业应根据员工的能力和特长，为他们提供合适的岗位和发展机会，做到人尽其才。在研发部门，要给予研发人员充分的自主权，让他们能够自由地开展创新性的研究工作。例如，谷歌公司以其宽松的工作环境和对研发人员的高度信任而闻名。谷歌允许研发人员将一定比例的工作时间用

于自主创新项目，这一举措激发了研发人员的创新热情，诞生了许多具有创新性的产品和技术。在技术部门，要根据项目需求合理调配技术人员，充分发挥他们的技术优势，解决项目中的技术难题。对于管理部门，要明确各管理人员的职责和权限，给予他们足够的决策空间，发挥他们的领导才能。

同时，企业要建立科学的绩效考核机制，将员工的绩效与薪酬、晋升、奖励等挂钩，激励员工积极工作，充分发挥自身潜能。绩效考核指标不仅要关注员工的工作业绩，还要注重员工的工作态度、创新能力、团队协作能力等方面。例如，一些企业采用了360度绩效考核方法，从上级、同事、下级、客户等多个角度对员工进行评价，全面客观地反映员工的工作表现。通过合理的人才使用和有效的激励机制，企业能够充分调动员工的积极性和创造性，提高企业的整体绩效。

（四）人才留存：用心留人，增强归属感

人才留存是企业人才管理的重要目标。企业要想留住人才，必须用心经营与员工的关系，增强员工的归属感。企业先要提供具有竞争力的薪酬福利体系，确保员工的付出得到合理的回报。薪酬福利不仅包括基本工资、奖金、福利补贴等物质待遇，还包括员工的职业发展空间、工作环境、企业文化等非物质因素。例如，一些互联网企业为了吸引和留住人才，提供了具有竞争力的薪资待遇、丰富的福利待遇，如弹性工作制度、免费的工作餐、员工体检、带薪年假等。同时，企业要关注员工的职业发展需求，为员工制订合理

的职业发展规划，提供晋升机会和培训发展机会。例如，腾讯公司建立了完善的员工职业发展通道，员工可以根据自己的兴趣和特长选择技术、管理等不同的职业发展路径，并为员工提供相应的培训和晋升机会。

此外，企业要营造良好的企业文化氛围，倡导积极向上、团结协作、创新进取的价值观。通过开展企业文化活动、团队建设活动等方式，增强员工对企业的认同感和归属感。例如，阿里巴巴以其独特的企业文化而备受关注，阿里巴巴通过开展各种文化活动，如年会、员工生日会、公益活动等，增强员工之间的凝聚力和对企业的归属感。同时，阿里巴巴注重员工的价值观培养，将"客户第一、团队合作、拥抱变化、诚信、激情、敬业"的价值观融入企业的日常管理中，使员工在工作中能够践行企业的价值观，与企业共同成长。

三、聚焦关键领域人才储备

（一）研发领域：创新驱动的核心力量

在当今科技飞速发展的时代，研发能力已成为企业核心竞争力的重要组成部分。研发领域的人才是推动企业创新的核心力量。企业应加大对研发人才的储备力度，吸引和培养一批具有国际视野、掌握前沿技术的研发人才。这些人才不仅要具备扎实的专业知识，还要有敏锐的市场洞察力和创新思维，能够准确把握市场需求和技术发展趋势，为企业研发出具有创新性和竞争力的产品和技术。例

投资于人

如，在半导体行业，台积电、三星等企业通过大量招聘和培养优秀的研发人才，不断投入研发资金，在芯片制造技术方面取得了领先地位。台积电的研发团队在先进制程技术上持续创新，为全球众多科技企业提供了高性能的芯片产品，推动了整个半导体行业的发展。

为了吸引和留住研发人才，企业要提供良好的研发环境和资源支持。建设先进的研发实验室，配备齐全的研发设备，为研发人员提供充足的研发资金。同时，企业要建立开放的研发合作平台，鼓励研发人员与国内外高校、科研机构开展合作研究，拓宽研发视野，提升研发水平。例如，华为公司在全球范围内建立了多个研发中心，吸引了大量优秀的研发人才。华为与全球多所高校和科研机构开展合作项目，共同攻克技术难题，推动了通信技术的不断创新。

（二）技术领域：推动产业升级的关键

随着科技的不断进步，技术领域的人才对于企业的发展越发重要。技术人才能够将研发成果转化为实际生产力，推动企业的产业升级和技术创新。在制造业中，技术人才掌握先进的生产工艺和制造技术，能够提高产品的质量和生产效率。例如，在汽车制造行业，先进的自动化生产技术、智能制造技术的应用，离不开专业的技术人才。他们能够操作和维护先进的生产设备，优化生产流程，实现生产过程的智能化和自动化。在信息技术领域，技术人才掌握软件开发、大数据分析、人工智能等先进的技术，能够为企业开发出高效的信息系统、智能应用等，提升企业的信息化水平和竞争力。例如，字节跳动公司拥有大量优秀的技术人才，他们开发出了抖音、今日头条等深受用户喜爱的产品，通过先进的算法推荐技术，为用户提供个性化的内容服务，在全球范围内取得了巨大的成功。

企业应加强对技术领域人才的储备和培养。与高校、职业院校合作，建立实习基地，提前选拔和培养优秀的技术人才。同时，鼓励技术人才参加各类技术培训和认证考试，提升技术水平。此外，企业要关注行业技术发展动态，及时引进和培养掌握新兴技术的人才，如区块链技术、量子计算技术等，为企业的未来发展奠定基础。

（三）管理领域：引领企业发展的舵手

管理领域的人才是企业发展的引领者和组织者。优秀的管理人员能够制定科学的企业战略，合理配置企业资源，协调各部门之间的工作，推动企业的高效运营。在企业的发展过程中，管理人才需要具备战略眼光、决策能力、组织协调能力和团队管理能力等。例如，苹果公司的蒂姆·库克（Tim Cook）在担任 CEO 期间，凭借其卓越的管理能力，带领苹果公司在产品创新、市场拓展、供应链管理等方面取得了显著成就。库克能够准确把握市场趋势，制定合理的产品战略，组织团队高效执行，使苹果公司在全球范围内保持着强大的竞争力。

企业要注重管理领域人才的选拔和培养。通过内部选拔和外部招聘相结合的方式，选拔具有丰富管理经验和优秀管理能力的人才。同时，为管理人员提供系统的管理培训课程，提升他们的管理水平。例如，一些企业会定期选派管理人员参加国内外知名商学院的管理培训课程，学习先进的管理理念和方法。此外，企业要建立科学的管理团队协作机制，促进管理人员之间的沟通与合作，提高管理团队的整体效能。

四、参考国家政策导向，加大投入与协同创新

（一）响应国家教育与技能培训政策

国家一直高度重视教育和技能培训工作，出台了一系列政策来鼓励企业加大对员工教育和技能培训的投入。企业应积极响应国家政策导向，将员工教育和技能培训纳入企业发展战略规划。加大对员工培训的资金投入，提高培训质量和效果。例如，国家实施了职业技能提升行动，鼓励企业开展职工岗位技能培训、新型学徒制培训等。企业可以利用国家提供的培训补贴等政策支持，组织员工参加各类技能培训，提升员工的技能水平。同时，企业要加强与职业院校、培训机构的合作，采用订单式培训、定向培养等模式，为企业培养符合需求的技能人才。例如，一些制造业企业与当地的职业院校合作，开设了与企业生产相关的专业课程，企业为学生提供实习机会和就业岗位，职业院校为企业定向培养技术技能人才，实现了企业与职业院校的互利共赢。

（二）建立产学研协同创新机制

产学研协同创新是推动企业技术创新和人才培养的重要途径。企业应积极与高校、科研机构建立紧密的合作关系，实现资源共享、优势互补。在技术研发方面，企业可以与高校、科研机构联合开展科研项目，共同攻克技术难题。高校和科研机构具有丰富的科研资源和专业的科研人才，能够为企业提供技术支持和创新思路。企业则具有市场信息和产业化能力，能够将科研成果转化为实际产品和生产力。例如，在新能源汽车领域，比亚迪公司与多所高校和科研机构合作，开展电池技术、自动驾驶技术等方面的研究。高校和科研机构的科研人员为比亚迪提供了技术研发支持，比亚迪则将科研成果应用于实际产品中，推动了新能源汽车技术的发展和产业化应用。

在人才培养方面，产学研协同创新机制能够为企业培养高素质的创新型人才。高校和科研机构可以为企业员工提供继续教育、在职培训等服务，提升员工的专业知识和创新能力。同时，企业可以为高校学生提供实习实践机会，让学生在实践中了解企业需求，提高实践能力。例如，一些高校与企业合作建立了研究生联合培养基地，企业为研究生提供实践项目和指导教师，高校为企业培养具有实践能力和创新精神的高层次人才。通过建立产学研协同创新机制，企业能够提升自身的创新能力和人才储备水平，实现可持续发展。

在 AI 时代的浪潮中，企业实现从"人力成本"到"创新资本"的认知跃迁，构建"选育用留"全周期体系，聚焦关键领域人才储备，参考国家政策导向，加大投入与协同创新，是实现从"人力成本"到"人才驱动"蜕变的必由之路。这不仅是企业提升核心竞争力、实现可持续发展的内在要求，更是顺应时代发展潮流、推动经济社会进步的重要举措。企业应积极行动起来，将人才作为企业发展的核心战略资源，不断优化人才管理模式，为人才的成长和发展创造良好的环境，在激烈的市场竞争中赢得主动，为国家的经济发展和科技创新贡献力量。

第二节 机制创新：构建人才驱动的 "印钞机"生态

在当今经济发展格局中，企业的创新能力成为其在激烈的市场竞争中脱颖而出、实现可持续发展的关键要素。尤其是在科技迅猛发展、市场环境瞬息万变的时代背景下，传统的企业发展模式正面临着严峻挑战。对于企业而言，实现从"人力成本"到"人才驱动"的蜕变，不仅是提升自身竞争力的必然选择，更是顺应时代发展潮流的重要举措。第五章第一节我们探讨了战略重构，而在这一节中，我们将深入剖析如何借鉴互联网行业"低成本扩张＋高附加值服务"的"印钞机"模式，构建以人才为核心的创新闭环，通过数字化平台整合内部智力资源，建立"创意孵化—技术转化—市场应用"的敏捷链条，以此激发企业的创新活力，打造人才驱动的"印钞机"生态，充分发挥人力资本的"乘数效应"。

一、互联网行业"印钞机"模式剖析

（一）低成本扩张的内涵与实践

互联网行业的崛起在很大程度上得益于其独特的低成本扩张模式。与传统行业相比，互联网企业在扩张过程中，较少依赖大规模的固定资产投资，如厂房建设、设备购置等。其核心资产往往是数字化的技术、平台以及背后的人才团队。以字节跳动为例，旗下的抖音、今日头条等产品在全球范围内迅速扩张，其主要投入在于技术研发、算法优化以及人才培养。通过不断优化产品的技术架构，提升算法推荐的精准度，能够以相对较低的成本触达海量用户。在产品推广方面，借助互联网的传播特性，通过社交媒体、口碑营销等方式，实现用户数量的几何级增长。例如，抖音的短视频创作和分享模式，吸引了大量用户自发传播，使得抖音在短时间内迅速风靡全球，而其推广成本相对传统广告投放而言极为低廉。这种低成本扩张模式使互联网企业能够在短时间内占据广阔的市场份额，形成规模效应。

（二）高附加值服务的特点与价值

互联网行业的另一大显著特点是提供高附加值服务。互联网企业通过深入挖掘用户需求，利用大数据、人工智能等技术手段，为用户提供个性化、精准化的服务。以腾讯为例，其在社交、游戏、金融科技等领域为用户提供了丰富多样的高附加值服务。在社交领域，微信不仅是一款即时通信工具，还通过小程序、公众号等功能，为用户提供了便捷的生活服务入口，如在线支付、生活缴费、政务服务办理等。在游戏领域，腾讯通过代理和自主研发高品质游戏，为玩家提供沉浸式的娱乐体验，满足了不同用户群体的娱乐需求。这些高附加值服务能够极大地提升用户的满意度和忠诚度，进而为企业带来丰厚的经济回报。用户愿意为这些优质服务付费，使得互联网企业能够在激烈的市场竞争中获取高额利润，实现商业价值的最大化。

二、打造以人才为核心的创新闭环

（一）人才是创新闭环的核心

在借鉴互联网行业"印钞机"模式构建企业创新生态的过程中，人才无疑是最为关键的核心要素。企业的创意产生、技术研发、市场拓展等各个环节，都离不开人才的智慧和努力。以华为为例，其在通信技术领域的卓越成就，离不开大量高素质研发人才的辛勤付出。华为拥有一支庞大的研发团队，这些人才具备扎实的专业知识、创新思维以及丰富的实践经验。他们在 5G 技术、芯片研发等关键领域不断创新突破，为华为打造了强大的技术壁垒。同时，华为的市场营销人才能够精准把握市场需求，将研发成果成功推向市场，实现商业价值。因此，企业必须将人才置于创新闭环的核心位置，充分发挥人才的主观能动性和创造力，才能推动创新闭环的高效运转。

（二）构建创新闭环的关键环节

1. 创意激发与收集

企业要营造开放、包容的创新文化氛围，鼓励员工积极提出创意。可以通过设立创新奖励机制，对提出优秀创意的员工给予物质奖励和精神奖励，激发员工的创新热情。同时，建立创意收集平台，如在线创意社区、定期的创意研讨会等，方便员工分享和交流创意。例如，谷歌公司以其开放的办公环境和鼓励创新的企业文化而闻名，员工可以自由地提出各种创意，并且公司设有专门的团队对这些创意进行收集和筛选。

2. 创意评估与筛选

对于收集到的大量创意，企业需要建立科学的评估和筛选机制。从创意的可行性、市场潜力、与企业战略的契合度等多个维度进行评估。可以邀请不同领域的专家组成评审团队，对创意进行全面评估。例如，苹果公司在产品研发过程中，会对众多创意进行严格筛选，只有那些符合苹果品牌定位、具有市场竞争力且技术可行的创意才会进入下一步的研发阶段。

3. 创意孵化与发展

对于筛选出的有潜力的创意，企业要提供资源支持，进行孵化和发展。设立专门的创新实验室或项目团队，为创意提供资金、技术、设备等方面的支持。例如，百度公司设立了百度大脑创新实验室，为与人工智能相关的创意提供孵化环境，推动创意从概念逐步发展为成熟的技术或产品。

4. 技术转化与实现

将孵化后的创意转化为实际的技术或产品，这需要企业具备强大的技术研发能力。企业要加大对研发的投入，培养和引进优秀的技术人才，建立高效的研发团队。例如，特斯拉在电动汽车技术研发方面，投入大量资金用于电池技术、自动驾驶技术的研究，通过技术团队的努力，将创新的理念转化为实际的产品，引领了电动汽车行业的发展。

5. 市场推广与应用

将研发出的技术或产品推向市场，实现商业价值，这是创新闭环的最后一个关键环节。企业要制定精准的市场营销策略，了解目标客户群体的需求和痛点，通过有效的渠道进行推广。例如，小米公司通过线上线下相结合的营销模式，将高性价比的智能手机等产品推向市场，迅速赢得了广大消费者的认可，实现了产品的市场价值。

三、数字化平台整合内部智力资源

（一）数字化平台的重要性

在构建人才驱动的创新生态过程中，数字化平台发挥着至关重要的作用。数字化平台能够打破企业内部部门之间的壁垒，实现智力资源的高效整合与共享。通过数字化平台，企业的研发人员、技术人员、市场人员等可以实时沟通、协同工作，提高创新效率。例如，在一些大型企业中，通过建立企业级的数字化协作平台，员工可以在平台上分享项目经验、交流技术难题、协同完成工作任务。同时，数字化平台还能够对企业内部的知识和经验进行沉淀和管理，形成企业的知识资产，为后续的创新提供有力支持。

（二）数字化平台的功能与应用

1. 知识管理功能

数字化平台应具备强大的知识管理功能，能够对企业内部的技术文档、项目报告、经验总结等知识资源进行分类整理、存储和检索。员工可以方便地在平台上查找所需的知识，避免重复劳动，提高工作效率。例如，一些企业建立了知识图谱系统，将企业内部的知识进行关联和整合，员工通过输入关键词等方式，能够快速获取相关的知识资源。

2. 沟通协作功能

数字化平台要提供便捷的沟通协作工具，如即时通讯、在线会议、项目管理模块等。员工可以通过这些工具进行实时沟通、协同工作，共同推进项目的进展。例如，腾讯的企业微信就为企业提供了一套完整的沟通协作解决方案，企业可以通过企业微信进行内部沟通、文件传输、项目管理等工作，提高团队协作效率。

3. 创意共享功能

数字化平台应设立专门的创意共享板块，方便员工分享创意、交流想法。员工可以在平台上发布自己的创意，其他员工可以对创意进行评论、点赞、提出改进建议等。通过这种方式，激发员工的创新思维，促进创意的碰撞和融合。例如，一些互联网企业建立了内部的创意社区，员工在社区中积极分享创意，形成了良好的创新氛围。

4. 数据分析功能

数字化平台要具备数据分析功能，能够对企业内部的创新数据进行收集、分析和挖掘。通过分析员工的创新行为、创意的转化率、项目的进展情况等数据，企业可以了解创新生态的运行状况，发现存在的问题和不足，为优化创新机制提供依据。例如，通过数据分析发现某个部门的创意转化率较低，企业可以深入分析原因，采取针对性的措施进行改进。

四、建立"创意孵化—技术转化—市场应用"的敏捷链条

（一）敏捷链条的优势

建立"创意孵化—技术转化—市场应用"的敏捷链条，能够使企业在创新过程中更加高效、灵活地应对市场变化。传统的创新模式往往存在流程烦琐、周期长等问题，导致企业的创新成果不能及时满足市场需求。而敏捷链条通过优化创新流程，实现各环节的紧密衔接和快速迭代，能够大大缩短创新周期，提高创新的成功率。例如，在互联网行业，一些产品的开发采用敏捷开发模式，通过快速迭代、用户反馈、持续优化等方式，能够在短时间内推出符合市场需求的产品。

（二）打造敏捷链条的策略

1. 优化流程，减少中间环节

企业要对创新流程进行全面梳理，去除烦琐的审批环节和不必要的流程节点，简化创新流程。例如，在项目立项阶段，采用快速审批机制，对于一些具有创新性和市场潜力的项目，给予优先审批和资源支持。同时，建立跨部门的项目团队，打破部门之间的壁垒，实现各环节的无缝对接。例如，在产品研发过程中，研发部门、技术部门、市场部门组成联合项目团队，共同参与产品的设计、开发和推广，提高创新效率。

2. 建立快速反馈机制

在敏捷链条中，快速反馈机制至关重要。企业要建立多渠道的反馈机制，及时收集用户、市场以及内部员工的反馈意见。在产品研发阶段，通过用户测试、市场调研等方式，收集用户对产品的需求和建议。在产品推向市场后，通过客户反馈、市场数据分析等方式，了解产品的市场表现和用户满意度。根据反馈意见，及时对产品进行优化和改进，实现产品的快速迭代。例如，一些互联网产品通过在线调查问卷、用户社区等方式收集用户反馈，根据用户反馈迅速调整产品功能和设计，提升用户体验。

3. 培养敏捷文化，提升团队能力

企业要培养敏捷文化，使员工树立快速响应、持续创新的理念。通过培训、团队建设等方式，提升团队的敏捷能力。例如，开

展敏捷开发培训，让员工掌握敏捷开发的方法和技巧，提高团队的协作能力和应变能力。同时，鼓励员工勇于尝试、敢于创新，对创新过程中的失败给予包容和支持，营造良好的创新氛围。

4. 利用技术手段，提升敏捷性

借助先进的技术手段，如云计算、大数据、人工智能等，提升敏捷链条的运行效率。云计算技术能够为企业提供灵活的计算资源和存储服务，方便企业进行项目开发和数据处理。大数据技术可以帮助企业收集、分析海量的市场数据和用户数据，为创新决策提供依据。人工智能技术能够实现自动化的流程管理和优化，提高创新流程的效率。例如，一些企业利用人工智能技术开发了智能项目管理系统，实现了项目进度的自动跟踪、风险预警等功能，提升了项目管理的效率和敏捷性。

在当前激烈的市场竞争环境下，企业若想实现从"人力成本"到"人才驱动"的蜕变，构建人才驱动的"印钞机"生态至关重要。通过借鉴互联网行业"低成本扩张＋高附加值服务"的"印钞机"模式，打造以人才为核心的创新闭环，利用数字化平台整合内部智力资源，建立"创意孵化—技术转化—市场应用"的敏捷链条，企业能够有效激发人才的创新潜能，提高创新效率，推动可持续发展。这不仅是企业增强竞争力的重要途径，也是促进经济社会高质量发展的关键动力。企业应积极响应时代趋势，推进机制创新，持续努力构建以人才为核心的创新生态系统。

第三节　组织变革：激活人力资本的 "乘数效应"引擎

在当今复杂多变且竞争激烈的商业环境中，企业的生存与发展越发依赖于创新能力与人才优势。实现从"人力成本"到"人才驱动"的深刻蜕变，是企业在新时代背景下的必由之路。第五章前两节分别探讨了战略重构与机制创新，而本节将聚焦于组织变革这一关键议题。企业需打破传统科层制的重重壁垒，构建"平台＋团队"的柔性组织，以此释放人才的创新活力。同时，参考"吸纳效应"理论，通过完善基础设施、优化资源配置，吸引外部高端人才与内部骨干形成强大的协同效应，进而激活人力资本的"乘数效应"引擎，推动企业持续创新与高质量发展。

一、打破科层制壁垒的紧迫性

科层制作为一种传统的组织管理模式，在过去的企业发展历程中发挥了重要作用。其特点是具有明确的层级结构、严格的规章制度以及专业化的分工。在科层制下，企业组织呈现金字塔状，信息自上而下传达，决策由高层制定后层层下达执行。这种模式在相对稳定、可预测的市场环境中，能够保证企业运行的规范性与效率，促进大规模生产与标准化作业。

　　然而，在当下快速变化、充满不确定性的市场环境中，科层制的局限性日益凸显。一方面，科层制的层级结构导致信息传递缓慢且容易失真。从基层员工到高层管理者，信息在层层传递过程中，可能会因为各级的理解偏差、利益考量等因素而被扭曲，使得高层无法及时、准确地掌握一线实际情况，进而影响决策的科学性与及时性。例如，在一些大型传统制造企业中，市场需求的变化信息从销售一线反馈到高层决策层，往往需要经过多个层级，这一过程可能耗时数周甚至数月，导致企业对市场变化的反应严重滞后。

　　另一方面，严格的规章制度和专业化分工虽然在一定程度上提高了工作效率，但也限制了员工的自主性与创新能力。员工往往被束缚在既定的岗位职责范围内，缺乏跨部门协作与创新的动力和机会。在面对复杂多变的市场需求和技术创新挑战时，这种模式难以快速整合资源，形成创新解决方案。例如，在研发新产品时，研发部门可能因为与市场部门、生产部门之间的沟通协作不畅，导致产品研发方向与市场需求脱节，使产品无法顺利推向市场。

二、构建"平台 + 团队"的柔性组织

（一）"平台 + 团队"模式的内涵与优势

　　"平台 + 团队"的柔性组织模式，是对传统科层制的重大突破。其中，平台是指企业搭建的一个综合性的资源支持与服务体系，它为各个团队提供必要的技术、资金、信息、人力资源等方面的支持，同时制定统一的规则与标准，确保组织的有序运行。而团队则

是围绕具体的项目、任务或业务目标组建灵活的工作单元，团队成员来自不同部门、不同专业领域，具备多样化的技能与知识，能够根据任务需求快速整合资源，协同开展工作。

这种模式具有诸多显著优势。一方面，它极大地提升了组织的灵活性与响应速度。团队能够根据市场变化和业务需求迅速组建、调整或解散，灵活应对各种复杂多变的情况。例如，在互联网企业中，当面对新的市场机遇或竞争对手的挑战时，企业可以迅速从各个部门抽调人员组成专项团队，快速推出针对性的产品或服务，抢占市场先机。另一方面，"平台＋团队"模式充分激发了员工的创新活力。在这种模式下，员工摆脱了传统科层制的束缚，能够在团队中充分发挥自己的专业优势与创新能力，不同专业背景的团队成员相互交流、碰撞，能够产生更多的创新灵感与解决方案。例如，在一些科技创新企业中，研发团队、市场团队、运营团队等紧密协作，共同推动技术创新与产品迭代，创造出具有市场竞争力的创新成果。

（二）构建"平台＋团队"柔性组织的策略

1. 搭建综合性资源平台

企业要整合内部各类资源，搭建一个功能完善的综合性资源平台。在技术资源方面，要建立先进的技术研发中心、共享技术平台等，为团队提供前沿的技术支持与研发工具。例如，一些大型科技企业建立了云计算平台，为内部团队提供强大的计算能力与数据存储服务，助力团队开展大数据分析、人工智能研发等工作。在资金资源方面，设立专项基金，为有创新项目的团队提供资金支持。同时，建立灵活的资金审批机制，对于具有潜力的创新项目，能够快速审批并提供资金保障。在信息资源方面，打造企业级的信息共享平台，整合市场信息、行业动态、技术趋势等各类信息，方便团队及时获取，为决策提供依据。例如，通过建立企业内部的大数据分析平台，团队可以实时获取市场数据，分析用户需求与市场趋势，调整业务策略。

2. 打造多元化团队

企业要根据不同的业务需求和项目特点，打造多元化的团队。在团队组建过程中，注重成员的专业背景、技能特长、创新能力等方面的多元化。例如，在一个智能产品研发项目中，团队成员不仅要有软件工程师、硬件工程师，还需要工业设计师、用户体验专家、市场营销人员等。软件工程师负责产品的软件系统开发，硬件工程师保障产品的硬件性能，工业设计师塑造产品的外观，用户体验专家提升产品的使用体验，市场营销人员则从市场需求角度提供建议，确保产品符合市场需求。同时，要建立科学的团队管理机制，明确团队目标、职责分工，制定合理的绩效考核与激励制度，充分调动团队成员的积极性与创造力。

3. 促进平台与团队的协同运作

平台与团队之间的协同运作是柔性组织高效运行的关键。平台要及时了解团队的需求，为团队提供精准的资源支持与服务。同时，团队要积极反馈工作进展与问题，与平台保持密切沟通。例如，团队在项目执行过程中遇到技术难题，平台可以迅速组织技术专家团队提供技术支持；团队在市场推广过程中需要市场数据，平台能够及时从信息共享平台提取相关数据并进行分析，为团队提供决策依据。此外，要建立跨团队、跨平台的沟通协作机制，促进不同团队之间的经验分享与资源共享，形成良好的创新生态。

三、参考"吸纳效应"理论吸引人才

（一）"吸纳效应"理论的内涵

"吸纳效应"理论源于区域经济学领域，它强调一个地区通过完善基础设施、优化公共服务、营造良好的产业生态等措施，吸引外部资源流入，进而促进本地区的经济发展。将这一理论引入企业人才管理领域，意味着企业要通过提升自身的吸引力，吸引外部高端人才加入。企业的吸引力体现在多个方面，包括完善的基础设施，如先进的办公设施、便捷的办公环境等；优质的资源配置，如充足的研发资金、丰富的项目资源等；良好的企业文化，如开放包容、鼓励创新的文化氛围等。当企业具备这些优势时，就能够像一个强大的磁石一样，吸引外部高端人才汇聚。

（二）运用"吸纳效应"理论吸引人才的实践

1. 完善基础设施

企业要加大对办公设施、研发设备等基础设施的投入。打造现代化的办公场所，配备先进的办公设备、智能化的办公系统，为员工提供舒适、便捷的办公环境。在研发设备方面，根据企业业务的发展需求，购置先进的实验设备、检测仪器等，满足研发人员的工作需求。例如，一些生物医药企业为研发人员配备了高精度的基因测序仪、细胞培养设备等先进的研发设备，为开展前沿科研工作提供了有力保障。同时，企业要注重办公场所的智能化建设，通过引入智能办公系统，实现办公流程的自动化、信息化，提高工作效率。例如，通过智能考勤系统、在线审批系统等，简化办公流程，减少员工的事务性工作负担。

2. 优化资源配置

合理优化资源配置是吸引人才的重要手段。在资金资源方面，企业要设立具有竞争力的薪酬体系，为高端人才提供优厚的薪资待遇、福利待遇以及股权激励等。同时，要保证研发资金的充足投入，为创新项目提供资金保障。例如，一些科技企业为吸引高端研发人才，给予他们高于行业平均水平的薪资，并提供住房补贴、子女教育补贴等福利。在项目资源方面，企业要为人才提供丰富多样、具有挑战性的项目机会。高端人才往往渴望在具有挑战性的项目中发挥自己的才能，实现自身价值。例如，一些互联网企业每年都会启动多个创新项目，鼓励内部员工和外部高端人才参与，为他们提供广阔的发展空间。

3. 营造良好的企业文化氛围

企业文化是企业吸引人才的软实力。企业要营造开放包容、鼓励创新、尊重人才的企业文化氛围。开放包容的文化能够吸引不同背景、不同思维方式的人才加入，促进思想的碰撞与创新。鼓励创新的文化则能够激发员工的创新热情，让人才在企业中能够大胆尝试、勇于创新。尊重人才的文化能够让人才感受到自身的价值被认可，增强他们对企业的归属感。例如，一些企业通过开展各类文化活动、创新竞赛等方式，营造积极向上的创新氛围；通过建立导师制度、员工关怀体系等，让人才在企业中感受到尊重与关爱。

四、促进外部高端人才与内部骨干的协同效应

（一）协同效应的重要性

当外部高端人才与内部骨干实现有效协同，能够产生强大的合力，为企业带来巨大的价值。外部高端人才往往具有前沿的技术知识、丰富的行业经验以及广阔的视野，他们的加入能够为企业注入新的活力与创新理念。而内部骨干对企业的业务流程、企业文化、市场情况等有着深入的了解，他们能够快速将外部高端人才带来的新理念、新技术与企业实际情况相结合，推动企业的创新发展。例如，在一些传统制造业企业引入外部智能制造领域的高端人才后，内部骨干凭借对企业生产流程的熟悉，与外部人才紧密合作，共同推动企业的智能化转型升级，实现生产效率的大幅提升与产品质量的优化。

（二）促进协同效应的策略

1. 建立沟通协作机制

企业要建立完善的沟通协作机制，促进外部高端人才与内部骨

干之间的信息交流与合作。可以通过定期召开跨部门、跨团队的沟通会议，让内外部人才分享工作进展、交流经验与想法。例如，每周或每月组织一次技术交流会议，让研发部门的内部骨干与外部高端技术人才共同探讨技术难题、分享最新技术成果。同时，利用信息化工具，如企业内部社交平台、项目管理软件等，方便内外部人才随时沟通协作。通过这些工具，他们可以实时交流项目进展、提出问题与解决方案，提高沟通效率。

2. 开展团队融合活动

通过开展团队融合活动，增强外部高端人才与内部骨干之间的信任与默契。可以组织户外拓展活动、团队建设培训等，让内外部人才在轻松愉快的氛围中增进彼此了解，培养团队合作精神。例如，组织一次为期两天的户外拓展活动，通过各种团队合作游戏、挑战项目等，让内外部人才在共同完成任务的过程中建立信任、加深感情。此外，还可以开展文化交流活动，让外部人才更好地了解企业的文化与价值观，促进他们与内部骨干在文化层面的融合。

3. 设立联合项目与激励机制

企业要设立联合项目，让外部高端人才与内部骨干共同参与，在项目实践中实现协同创新。在项目实施过程中，明确内外部人才的职责分工，充分发挥各自的优势。例如，在一个大型的数字化转型项目中，外部的数字化专家负责提供先进的数字化理念与技术方案，内部骨干则负责协调企业内部资源，推动项目在企业内部的落地实施。同时，要建立合理的激励机制，对在联合项目中表现出色的内外部人才给予表彰与奖励，包括物质奖励、晋升机会、荣誉称号等，激发他们的合作积极性与创新热情。

在当今竞争激烈的商业世界中，企业若要实现从"人力成本"到"人才驱动"的华丽蜕变，组织变革是不可或缺的关键一环。通过打破科层制壁垒，构建"平台＋团队"的柔性组织，释放人才的创新活力，并参考"吸纳效应"理论吸引外部高端人才，促进其与内部骨干形成强大的协同效应，企业能够激活人力资本的"乘数效应"引擎，实现创新能力的飞跃与可持续发展。这不仅是企业在新时代背景下提升核心竞争力的必由之路，更是推动经济社会高质量发展的重要力量源泉。企业应深刻认识到组织变革的紧迫性与重要性，积极行动起来，勇于创新，为构建人才驱动的创新型企业而不懈努力。

第四节　可持续发展：全生命周期投资的价值闭环

在企业发展的宏伟蓝图中，创新无疑是驱动其前行的核心动力，而人力资本则是这一创新征程中最为关键的资源。第五章前三节我们深入探讨了战略重构、机制创新以及组织变革等重要议题，而在本节中，我们将聚焦于企业践行"投资于人"的政策导向，探索如何将人才培养延伸至员工职业发展全周期，关注"一老一小"群体，构建覆盖职业教育、技能提升、健康保障的立体化服务体系，以此实现可持续发展，打造全生命周期投资的价值闭环。这不仅是企业实现从"人力成本"到"人才驱动"蜕变的必然选择，更是顺应时代发展潮流、履行社会责任、推动社会进步的重要举措。

一、践行"投资于人"政策导向的重要意义

（一）顺应国家发展战略

当前，国家高度重视人才发展，将人才强国战略作为推动经济社会高质量发展的重要支撑。从国家层面出台的一系列政策举措，如加大对教育、科技的投入，鼓励企业开展人才培养与创新活动等，都彰显了人才在国家发展中的核心地位。企业积极践行"投

资于人"的政策导向，正是积极响应国家战略号召，与国家发展同频共振的具体体现。通过加大对员工的投资，培养高素质的人才队伍，企业能够为国家创新驱动发展战略提供有力的人才支持，助力国家在全球科技竞争、经济竞争中抢占先机。例如，在一些高新技术产业领域，企业加大对研发人才的培养与引进力度，推动关键核心技术的突破，不仅提升了企业自身的竞争力，还为国家的科技自立自强贡献了力量。

（二）提升企业的核心竞争力

在激烈的市场竞争环境中，企业的核心竞争力归根结底来自其拥有的人才。对员工进行全生命周期的投资，能够持续提升员工的专业技能、创新能力和综合素质。在职业教育阶段，为员工提供系统的专业知识培训，帮助他们打下坚实的基础；在技能提升环节，根据企业业务发展和市场需求，为员工提供针对性的技能培训，使他们能够掌握最新的技术和方法，提升工作效率和质量；在员工职业发展的不同阶段，关注他们的身心健康，提供完善的健康保障，确保员工能够以良好的状态投入工作。这样全方位的投资，能够打造一支稳定、高素质、富有创新精神的人才队伍，为企业的创新发展提供源源不断的动力，从而提升企业在市场中的核心竞争力。例如，苹果公司一直致力于为员工提供优质的培训与发展机会，从新员工入职培训到在职员工的专业技能提升，再到为员工提供丰富的职业发展路径，使得苹果公司拥有一支全球顶尖的人才团队，为其持续推出具有创新性和竞争力的产品奠定了坚实的基础。

（三）促进社会和谐稳定发展

企业作为社会经济活动的主体，对社会发展承担着重要责任。践行"投资于人"的政策导向，关注员工职业发展全周期，特别是关注"一老一小"群体，有助于促进社会的和谐稳定发展。对于老年员工，提供合理的职业规划与保障，能够让他们在职业生涯的后期依然发挥经验优势，同时感受到企业的关怀与尊重，减少社会养老压力；对于年轻员工，提供良好的职业教育与发展机会，能够帮助他们顺利融入职场，实现个人价值，促进社会就业稳定。此外，通过构建覆盖职业教育、技能提升、健康保障的立体化服务体系，企业能够为社会培养更多高素质的人才，提升整个社会的人力资源水平，推动社会经济的可持续发展。例如，一些大型企业在社区中开展职业技能培训活动，为周边居民提供学习和提升技能的机会，促进了当地就业与社会的和谐稳定。

二、将人才培养延伸至员工职业发展全周期

（一）入职初期的职业教育与引导

1. 系统的入职培训体系

当新员工加入企业时，建立一套系统、全面的入职培训体系至关重要。这不仅包括企业文化、价值观、规章制度等方面的介绍，更要涵盖与员工岗位相关的专业知识和技能培训。例如，一家制造业企业在新员工入职时，通过集中授课、现场演示、实践操作等多种方

式，让新员工深入了解企业的生产流程、质量控制体系以及安全生产知识。同时，邀请企业内部的优秀员工分享工作经验和职业发展路径，帮助新员工更好地适应企业环境，明确自己的职业发展方向。

2. 导师制度的建立与实施

为新员工配备导师是帮助他们快速成长的有效方式。导师可以是企业内部经验丰富、专业能力强的资深员工，他们在工作中给予新员工一对一的指导和帮助。导师不仅要传授专业技能，还要关注新员工的职业心态和工作习惯的养成。例如，在一家互联网企业中，新入职的程序员会由一位资深程序员担任导师。导师会指导新员工熟悉公司的代码规范、开发流程，帮助他们解决在工作中遇到的技术难题，同时引导他们如何与团队成员有效沟通协作，促进新员工快速融入团队，提升工作能力。

（二）职业中期的技能提升与职业发展规划

1. 个性化的技能培训计划

随着员工职业发展进入中期，企业应根据员工的岗位需求、个人能力以及职业发展目标，为他们制订个性化的技能培训计划。例如，对于一名从事市场营销工作多年的员工，企业可以根据市场发展趋势和公司业务拓展需求，为其提供数字化营销、大数据分析等方面的培训课程，帮助他提升在新领域的专业技能，更好地适应市场变化。同时，鼓励员工参加行业研讨会、专业培训讲座等活动，拓宽视野，了解行业最新动态。

2. 职业发展路径的多元化设计

企业要为员工提供多元化的职业发展路径，满足不同员工的发展需求。除了传统的管理晋升路径外，还应设立技术专家、业务骨干等发展通道。例如，在一家科技企业中，员工既可以通过提升管理能力，晋升为项目经理、部门经理等管理岗位；也可以专注于技术研发，成为技术专家，享受与管理岗位相当的待遇和职业发展空间。通过这种多元化的职业发展路径设计，能够充分激发员工的积极性和创造力，让员工在适合自己的领域中实现职业发展目标。

（三）职业后期的经验传承与保障

1. 经验传承机制的建立

当员工进入职业后期，他们积累了丰富的工作经验和行业知识，这些都是企业的宝贵财富。企业应建立经验传承机制，鼓励老年员工将自己的经验传授给年轻员工。通过开展内部培训课程、师徒结对、经验分享会等方式，让老年员工有机会将自己的经验和智慧传递下去。例如，一家建筑企业组织老年工程师与年轻工程师开展"传帮带"活动，老年工程师在项目实践中指导年轻工程师解决技术难题，传授项目管理经验，促进了企业技术人才队伍的传承与发展。

2. 职业保障与关怀措施

在职业后期，企业要关注老年员工的身心健康和职业保障。为老年员工提供适当的工作安排，避免过度劳累，同时给予他们相应的福利待遇和职业尊重。例如，一些企业为老年员工提供弹性工作制度，让他们可以根据自己的身体状况和工作需求，灵活安排工作时间；在福利待遇方面，除了正常的社保、医保外，还为老年员工提供额外的健康体检、商业保险等保障措施，体现企业对老年员工的关怀与照顾。

三、关注"一老一小"群体

（一）对老年员工的关注与支持

1. 健康管理与保障

老年员工的身体健康状况直接影响到他们的工作效率和生活质量。企业应加强对老年员工的健康管理，定期组织健康体检，建立健康档案，及时了解老年员工的身体状况。同时，为老年员工提供健康咨询、健康讲座等服务，帮助他们养成良好的健康生活习惯。在健康保障方面，除了依法缴纳社会保险外，企业还可以考虑为老年员工购买补充商业医疗保险，如重大疾病保险、意外伤害保险等，减轻老年员工因疾病或意外带来的经济负担。

2. 职业转型与再就业支持

随着企业的发展和技术的进步，一些老年员工可能面临着职业转型的需求。企业应积极为老年员工提供职业转型培训和再就业支持。例如，对于一些从事传统生产岗位的老年员工，企业可以根据自身业务发展需求，为他们提供相关的服务岗位培训，帮助他们实现从生产岗位到服务岗位的转型。同时，企业可以与外部相关机构合作，为老年员工提供更多的再就业信息和机会，帮助他们在退休前能够顺利过渡到新的工作岗位，实现自身价值的延续。

（二）对年轻员工及其子女的关怀

1. 职业发展指导与支持

年轻员工是企业的未来和希望，企业要给予他们充分的职业发展指导与支持。除了前文提到的入职培训和职业中期的技能提升与职业发展规划外，企业还应定期与年轻员工进行沟通交流，了解他们在职业发展中的困惑和需求，为他们提供有针对性的建议和帮助。例如，企业可以组织职业发展规划辅导会，邀请专业的职业规划师为年轻员工提供个性化的职业发展建议，帮助他们明确职业目标，制订合理的职业发展计划。

2. 子女教育关怀

年轻员工往往面临着子女教育的压力，企业可以通过多种方式为他们提供帮助和支持。例如，在企业内部设立子女托管中心，为员工子女提供安全、舒适的托管服务，解决员工在工作时间的后顾之忧；与周边优质学校建立合作关系，为员工子女提供入学咨询、教育资源共享等服务；组织员工子女教育讲座，邀请教育专家为员工讲解子女教育的方法和技巧，帮助员工更好地教育子女。这些关怀措施能够增强员工对企业的归属感和忠诚度，提高员工工作的积极性和效率。

四、构建覆盖职业教育、技能提升、健康保障的立体化服务体系

（一）职业教育体系的完善

1. 与高校、职业院校的合作

企业应加强与高校、职业院校的合作，建立产教融合的人才培养模式。一方面，企业可以为高校、职业院校提供实践教学基地，让学生在真实的工作环境中锻炼实践能力；另一方面，企业可以参与高校、职业院校的专业设置和课程开发，根据企业实际需求，为学生提供更具针对性的教育教学内容。例如，一家电子制造企业与当地的职业院校合作，设立了电子信息技术专业，企业为该专业提供实习设备和兼职教师，参与课程设计和教学评价，使培养出来的学生能够快速适应企业的岗位需求，实现学校教育与企业需求的无缝对接。

2. 内部职业教育机构的建设

有条件的企业可以建立自己的内部职业教育机构，为员工提供更加系统、专业的职业教育服务。内部职业教育机构可以根据企业的发展战略和业务需求，开发有针对性的培训课程和教材，组织开展各类培训活动。例如，华为公司建立了华为大学，为员工提供包括技术研发、市场营销、管理等多方面的培训课程，通过内部的培训和学习，提升员工的专业素养和综合能力，为华为的持续发展提供了强大的人才支撑。

（二）技能提升体系的强化

1. 基于岗位需求的技能培训

企业要紧密围绕岗位需求，为员工提供多样化的技能培训。定期对岗位技能需求进行分析和评估，根据评估结果制订详细的技能培训计划。例如，在一家餐饮企业中，根据不同岗位的技能要求，为厨师提供烹饪技巧提升培训，为服务员提供服务礼仪和沟通技巧培训，为管理人员提供餐饮企业运营管理培训等。通过这些针对性的技能培训，员工能够更好地胜任本职工作，提升工作质量和效率。

2. 技能认证与激励机制

建立完善的技能认证与激励机制，鼓励员工积极提升自己的技能水平。企业可以与相关行业协会、认证机构合作，为员工提供技能认证考试机会。对于获得相关技能认证的员工，给予相应的奖励，包括薪酬提升、晋升机会、荣誉表彰等。例如，一家机械制造企业规定，员工通过高级钳工技能认证后，工资级别将提升一级，并优先考虑晋升到技术管理岗位。这种技能认证与激励机制能够激发员工学习和提升技能的积极性，营造良好的学习氛围。

（三）健康保障体系的健全

1. 完善的医疗保障制度

企业要建立完善的医疗保障制度，为员工提供全面的医疗保障。除了依法缴纳医疗保险外，企业还可以为员工购买补充商业医疗保险，如住院津贴保险、重大疾病保险等，提高员工的医疗保障水平。同时，企业可以与医疗机构合作，为员工提供便捷的医疗服务，如定期组织上门体检、设立企业医务室等。例如，一些大型企业与当地知名医院建立合作关系，为员工开通就医绿色通道，员工在就医时能够享受优先挂号、检查、住院等服务，为员工的健康提供了有力保障。

2. 心理健康关怀与服务

在关注员工身体健康的同时，企业也要重视员工的心理健康。随着工作压力的增大，员工面临的心理问题日益增多。企业可以通过开展心理健康讲座、心理咨询服务、员工心理辅导等方式，帮助员工缓解工作压力，保持良好的心理状态。例如，企业定期邀请心理咨询专家为员工开展心理健康讲座，介绍应对压力和焦虑的方法；设立心理咨询室，为员工提供一对一的心理咨询服务，帮助员工解决心理困扰，促进员工的身心健康发展。

在当今复杂多变的商业环境中，企业要想实现可持续发展，必须深刻认识到"投资于人"的重要性。通过将人才培养延伸至员工职业发展全周期，关注"一老一小"群体，构建覆盖职业教育、技能提升、健康保障的立体化服务体系，企业能够打造全生命周期投资的价值闭环，实现从"人力成本"到"人才驱动"的华丽转身。这不仅是企业提升核心竞争力、实现自身发展目标的内在要求，更是企业履行社会责任、推动社会进步的重要体现。企业应积极行动起来，以创新的思维、务实的举措，践行"投资于人"的政策导向，为培养高素质的人才队伍、推动经济社会的可持续发展贡献力量。

第六章

全球镜鉴：

国际视野下的"投资于人"实践

——国际人力资本投资范式的中国启示

第一节　北欧模式：从摇篮到坟墓的全生命周期投资

在全球的发展版图中，北欧国家以其独特而卓有成效的"投资于人"模式脱颖而出，成为世界各国探索人力资本投资与社会发展路径的重要镜鉴。北欧地区通常涵盖丹麦、挪威、瑞典、芬兰和冰岛五个国家，这些国家虽在地理面积、人口规模等方面存在差异，但在社会福利体系构建、人力资本投资理念与实践上却展现出高度的一致性，形成了被广泛赞誉的"北欧模式"。北欧模式的核心在于通过全面且优厚的高福利制度，实现对民众从摇篮到坟墓的全生命周期覆盖，将教育、医疗、养老等关乎民生与个体发展的关键领域纳入一个紧密相连、协同推进的系统性投资框架之中，为每一位公民的成长、发展与生活保障奠定了坚实的基础，进而推动整个社会在经济繁荣、社会公平、人民幸福等多维度实现高水平发展。深入剖析北欧模式下全生命周期投资的具体实践，对我国在新时代进一步优化人力资本投资策略、完善社会福利体系、促进经济社会可持续发展具有极为重要的启示意义。

一、教育投资：从幼儿园到博士的免费教育体系

（一）芬兰的典范：免费教育贯穿教育生涯全程

芬兰在教育投资领域堪称全球典范，其从幼儿园到博士的免费教育体系，为国民提供了平等且高质量的教育机会，从根本上消除了因经济因素导致的教育机会不平等。在学前教育阶段，芬兰政府高度重视幼儿的早期发展，通过大量的财政投入，确保全国各地的幼儿园都能配备专业的幼儿教育师资与丰富多样的教育资源。幼儿园不仅是儿童启蒙学习的场所，更是注重培养孩子社交能力、情感认知、创造力等综合素质的重要阵地，为儿童后续的学习与成长奠定了坚实的基础。

进入义务教育阶段，芬兰的免费教育优势越发凸显。芬兰的中小学教育以其创新的教学方法、注重学生个性化发展以及高质量的教育而闻名于世。学校致力于营造宽松、包容的学习环境，鼓励学生积极探索知识，培养其独立思考的能力与解决问题的能力。教师在教学过程中充分尊重每一位学生的独特性，根据学生的兴趣爱好与学习进度量身定制教学方案，使每个学生都能在学习中找到自信与乐趣。这种以人为本的教育理念与教学实践，不仅提升了芬兰学生的整体学业水平，还极大地激发了学生的学习热情与创造力，为芬兰培养出一代又一代具有创新精神与国际竞争力的人才。

在高等教育阶段，芬兰的大学同样实行免费教育政策，这使每一位具备高等教育学习能力的芬兰公民都能毫无经济负担地追求更高层次的知识与学术成就。芬兰的高等教育机构在多个学科领域拥

有世界一流的教学与科研水平，如科技、林业、设计等专业，为芬兰在相关产业的发展提供了强大的智力支持与人才保障。此外，芬兰政府还为大学生提供丰富的奖学金、助学金以及生活补贴，帮助学生解决学习与生活中的实际困难，确保学生能够全身心地投入学术研究与专业学习之中。通过这种从幼儿园到博士的全链条免费教育体系，芬兰成功地将教育打造成国家发展的核心动力源泉，推动芬兰在科技创新、经济发展、社会进步等方面取得举世瞩目的成就。

（二）北欧教育投资模式的共性与影响

除芬兰外，其他北欧国家在教育投资方面也秉持着相似的理念与实践。丹麦、挪威、瑞典和冰岛同样高度重视教育事业，通过政府财政的大力投入，确保教育资源的公平分配与教育机会的均等化。在北欧国家，教育被视为一项基本人权，政府有责任为每一位公民提供优质、免费的教育服务。这种教育投资模式产生了深远的影响。

从社会层面来看，北欧国家的教育投资模式极大地促进了社会公平。无论家庭经济状况、社会地位如何，每一个孩子都能享受到相同质量的教育资源，这使社会阶层之间的流动性增强，为年轻人提供了通过自身努力改变命运的机会，减少了因出身导致的社会不平等现象。同时，高质量的教育培养出高素质的劳动力队伍，为北欧国家的经济发展提供了坚实的人力支撑。在知识经济时代，北欧国家凭借其强大的教育体系，培养出大量的专业技术人才与创新型人才，在科技研发、高端制造业、金融服务、文化创意等领域取得了显著成就，推动了国家经济的持续繁荣发展。

从国际影响力来看，北欧国家的教育模式成为全球教育改革与发展的重要参考范例。许多国家纷纷学习和借鉴北欧的教育理念与教学方法，如个性化教学、跨学科学习、注重实践能力培养等。北欧国家的教育机构在国际教育交流与合作中也发挥着重要作用，吸引了来自世界各地的学生与学者前来学习与交流，进一步提升了北欧国家在全球教育领域的声誉与影响力。

二、共享育儿假政策：瑞典的家庭与社会协同支持

（一）瑞典共享育儿假政策的核心内容

瑞典在家庭政策领域的创新举措——共享育儿假政策，充分体现了北欧模式对人的全生命周期的关怀，尤其是在家庭生育与育儿阶段的积极干预与支持。瑞典的共享育儿假政策规定，在孩子年满8岁之前，父母双方总共享有480天的育儿假，其中至少有90天必须由父亲单独使用，剩余天数父母可根据家庭实际情况自由分配。在育儿假期间，父母可以领取一定比例的工资补贴，以保障家庭在育儿期间的经济收入。这一政策的核心目标在于鼓励父母双方共同承担育儿责任，打破传统的性别分工模式，促进家庭内部的性别平等，同时也为孩子提供更为全面、均衡的成长环境。

（二）政策实施带来的积极影响

瑞典共享育儿假政策的实施带来了多方面的积极影响。

首先，在家庭层面，该政策促进了家庭关系的和谐与稳定。父亲更多地参与育儿过程，不仅加深了父子（女）之间的情感联系，也让母亲在育儿过程中得到更多的支持与帮助，减轻了母亲的育儿负担。同时，父母共同育儿有助于孩子形成健康、全面的人格发展，在成长过程中获得来自父母双方不同的教育与关爱。

其次，从社会层面来看，共享育儿假政策推动了社会性别平等的进程。传统上，育儿责任主要由女性承担，这在一定程度上限制了女性的职业发展与社会参与度。瑞典的共享育儿假政策鼓励男性积极参与育儿，打破了这种性别刻板印象，使女性在职业选择与发展上拥有更多的自由与机会。越来越多的女性能够在生育后顺利回归职场，充分发挥自身的才能与潜力，为社会经济发展贡献更多力量。同时，男性参与育儿也有助于改变社会对男性角色的传统认知，促进家庭与社会角色的多元化发展。

最后，共享育儿假政策对瑞典的人口发展也产生了积极影响。通过为家庭提供完善的育儿支持，减轻了家庭生育的后顾之忧，在一定程度上提高了瑞典的生育率，缓解了人口老龄化带来的社会压力。稳定的人口结构对瑞典社会的可持续发展具有重要意义，为国家的经济增长、社会保障体系的稳定运行提供了坚实的人口基础。

三、医疗与养老：全生命周期的健康与生活保障

（一）北欧国家的全民医疗保障体系

在医疗保障方面，北欧国家建立了覆盖全民的医疗保障体系，

确保每一位公民都能享受到高质量、免费或低成本的医疗服务。以挪威为例，挪威实行全民医保制度，所有公民和合法居民都必须参加医疗保险。政府通过财政拨款与个人缴纳一定比例的保险费相结合的方式，筹集医疗保障资金。在这种医疗保障体系下，居民在生病就医时，只需支付少量的挂号费和部分药品费用，大部分医疗费用由医保基金承担。挪威的医疗服务体系涵盖了初级医疗保健、专科医疗服务以及医院住院治疗等各个层面，各级医疗机构之间分工明确、协作紧密，为居民提供便捷、高效的医疗服务。同时，挪威政府高度重视医疗资源的均衡分配，通过在偏远地区设立医疗站点、派遣流动医疗团队等方式，确保偏远地区的居民也能享受到与城市居民相同质量的医疗服务。

丹麦的医疗保障体系同样具有代表性。丹麦实行国家主导的免费医疗制度，医疗服务由政府直接提供和管理。丹麦划分了多个地区性的医疗管理机构，负责本地区的医疗资源规划、医疗机构运营以及医疗服务提供等工作。丹麦的医院绝大多数为公立医院，医疗服务质量高且费用全免。居民在就医时，可以自由选择家庭医生，家庭医生负责对居民的健康状况进行全面管理，并根据病情需要为居民转诊至专科医生或医院进行进一步治疗。这种以基层医疗为基础、上下联动的医疗服务模式，不仅提高了医疗服务的可及性与效率，还能有效预防和控制疾病的发生与发展，提升全民的健康水平。

（二）养老保障：高品质与个性化服务相结合

北欧国家在养老保障方面也形成了一套完善且独具特色的体

系，致力于为老年人提供高品质、个性化的养老服务，保障老年人在晚年生活中享有尊严、健康与幸福。在瑞典，养老保障体系涵盖了养老金制度、养老服务设施建设以及居家养老服务等多个方面。瑞典的养老金制度由国家基本养老金、补充养老金和个人养老金三部分组成，确保老年人在退休后能够获得稳定、充足的经济收入。在养老服务设施建设方面，瑞典政府大力投资建设各类养老院、老年公寓等养老机构，这些机构配备了专业的护理人员与先进的医疗设备，为老年人提供全方位的生活照料与医疗护理服务。同时，瑞典也非常重视居家养老服务的发展，通过建立居家养老服务网络，为居家养老的老年人提供上门护理、康复服务、家务协助等多样化的服务项目，满足老年人不同的养老需求。

芬兰的养老保障模式则强调个性化与社区化。芬兰政府倡导"就地养老"理念，鼓励老年人在自己熟悉的社区环境中安度晚年。政府通过在社区内建设各类养老服务设施，如日间照料中心、老年活动中心、康复护理站等，为老年人提供便捷的养老服务。同时，芬兰的养老服务注重根据老年人的个体差异与需求，制订个性化的养老服务方案，充分尊重老年人的意愿与选择。例如，对于生活能够自理的老年人，社区提供文化娱乐、社交活动等服务，丰富老年人的精神文化生活；对于需要一定护理的老年人，则提供专业的居家护理服务或安排入住社区内的小型护理机构，确保老年人能够得到及时、有效的照顾。

北欧国家在医疗与养老领域的系统性投资与实践，从根本上保障了公民在全生命周期中的健康与生活质量。全民医疗保障体系使每一位公民在患病时都能得到及时、有效的治疗，减轻了居民的医疗负担，提高了全民的健康水平。完善的养老保障体系为老年人提供了稳定的经济收入与多样化的养老服务选择，让老年人能够在舒适、安心的环境中度过晚年生活。这种对公民健康与生活的全方位保障，不仅提升了公民的幸福感与获得感，也为北欧国家的社会稳定与经济可持续发展奠定了坚实的基础。

四、北欧模式对中国的启示

（一）优化教育资源配置，促进教育公平与质量提升

北欧国家从幼儿园到博士的免费教育体系为我国在教育投资与发展方面提供了重要启示。我国需进一步增加对教育领域的财政支持，优化教育资源的分配，特别要关注农村、偏远和贫困地区，缩小城乡和区域间的教育差异，确保每个孩子都能获得公平且优质的教育。在学前教育阶段，政府应加强公办幼儿园的建设，增加普惠性学前教育资源的供应，提升学前教育的普及率和质量。在义务教育阶段，要持续推进教育均衡发展，加强薄弱学校建设，改善办学条件，提高师资水平，切实减轻学生过重的课业负担，注重培养学生的综合素质与创新能力。在高等教育领域，一方面要继续加大对高校的投入，提升高校的科研水平与人才培养质量；另一方面要完善学生资助体系，确保家庭经济困难的学生能够顺利完成学业，为国家培养更多高素质的专业人才。

（二）完善家庭支持政策，促进家庭与社会和谐发展

瑞典的共享育儿假政策对我国构建家庭友好型社会具有积极的借鉴意义。我国可以结合国情，进一步完善家庭支持政策体系，鼓励家庭成员共同承担家庭责任。在生育政策方面，除了延长产假、陪产假外，还可以探索建立夫妻共享育儿假制度，给予父亲更多参与育儿的时间与机会，促进家庭内部的性别平等。[①] 同时，政府应加大对托育服务的支持力度，鼓励社会力量参与托育服务机构建设，增加托育服务供给，解决家庭在育儿过程中面临的实际困难。此外，还可以通过税收优惠、财政补贴等政策手段，减轻家庭在育儿方面的经济负担，提高家庭生育意愿，促进人口长期均衡发展。

（三）健全医疗与养老保障体系，提升全民健康与生活质量

北欧国家全民医疗保障体系和完善的养老保障体系为我国提供了宝贵的经验。在医疗保障领域，我国需进一步完善基本医疗保险体系，提升医保统筹水平，扩大覆盖范围，增加报销比例，以减轻居民的医疗费用压力。同时，应加强医疗卫生服务体系的建设，优化医疗资源配置，提升基层医疗卫生机构的能力，增强医疗服务的可及性和效率。在养老保障方面，我国应加快构建多层次、多支柱的养老保障体系，完善基本养老保险制度，发展企业年金、职业年金和个人商业养老保险，提高养老金待遇水平。在养老服务方面，要

---

① 满小欧，杨扬，李志新.生育假期政策设计的时间性、经济性与平等性及其政策效应——基于 30 个 OECD 国家的实证研究［J］.人口与经济，2025（1）：34—46.

加大对养老服务设施建设的投入，鼓励社会力量参与养老服务，推动居家养老、社区养老与机构养老相结合的养老服务模式发展，为老年人提供多样化、个性化的养老服务，让老年人能够安享幸福晚年。

北欧模式下，从摇篮到坟墓的全生命周期投资实践，为我国在人力资本投资、社会福利体系建设等方面提供了丰富的经验与有益的启示。我国应结合自身国情，合理借鉴北欧模式的成功经验，不断优化"投资于人"的战略举措，推动经济社会持续健康发展，为实现人民对美好生活的向往而不懈努力。

第二节　新加坡经验：从"人才立国"到"人才生态"的进阶

在全球人力资本投资的宏大叙事中，新加坡以其独特且极具成效的发展路径，书写了从"人才立国"到"人才生态"进阶的精彩篇章。作为一个资源匮乏、地域狭小的城市国家，新加坡自独立以来，便深刻认识到人才是国家发展的核心驱动力，将人力资本投资置于国家战略的高度，通过一系列高瞻远瞩的政策举措与创新实践，逐步构建起一个全方位、多层次、可持续发展的人才生态系统，实现了从传统制造业向知识密集型、创新驱动型经济的华丽转身。新加坡在"投资于人"方面的丰富经验，尤其是其将人才培养与产业升级深度绑定、通过精准供给匹配市场需求的成功做法，为我国在新时代推进人力资本投资战略、促进经济高质量发展提供了宝贵的借鉴与启示。

一、"技能创前程"计划：构建终身学习体系的基石

（一）巨额投入与多元化课程供给

新加坡于 2015 年正式推出"技能创前程"（SkillsFuture）计划，这一计划堪称新加坡构建终身学习体系的核心支柱，充分彰显了新

加坡政府对公民技能提升与终身学习的坚定承诺。为确保计划的有效实施，新加坡政府每年投入高达 10 亿新元的专项资金，用于支持公民的技能培训与发展。这笔巨额资金为新加坡的技能培训事业注入了强大动力，使各类优质培训课程得以广泛开发与推广。

在课程设置方面，"技能创前程"计划呈现出高度的多元化与灵活性，以满足不同年龄、不同职业群体的多样化学习需求。从新兴的数字技术领域，如人工智能、大数据分析、云计算等，到传统的制造业、服务业等行业的技能提升课程，应有尽有。同时，课程还涵盖了软技能培训，如沟通技巧、团队协作能力、领导力培养等，旨在全面提升公民的综合素养与职场竞争力。例如，针对金融行业从业人员开设了金融科技应用、风险管理高级课程等，帮助他们紧跟金融行业数字化转型的步伐；对于制造业工人，则提供先进的制造技术、工业物联网应用等培训课程，助力传统制造业向智能制造升级。此外，该计划还为老年人、残障人士等特殊群体量身定制了专属的培训课程，确保社会各阶层成员都能从中受益，共享经济发展成果。

（二）个人自主选择与激励机制

为赋予公民更大的学习自主权，"技能创前程"计划创新性地设立了"技能创前程账户"。每位新加坡公民在年满 25 岁后，即可获得一笔初始资金注入该账户，且随着时间推移，政府还会定期向账户中充值。公民可凭借账户内的资金，自主选择符合自身兴趣、职业发展规划的培训课程。这种个人自主选择课程的模式，充分尊重了公民的个性化学习需求，激发了公民参与终身学习的积极性与主动性。

同时，新加坡政府还建立了完善的激励机制，鼓励企业与个人积极参与"技能创前程"计划。对于企业而言，政府通过税收优惠、培训补贴等政策手段，引导企业加大对员工培训的投入，提升企业整体的人力资源素质。例如，企业若为员工提供符合"技能创前程"计划要求的培训课程，可享受一定比例的税收减免；对于积极参与员工培训的企业，政府还会给予额外的财政补贴，以表彰企业在人才培养方面的贡献。对于个人，除了"技能创前程账户"的资金支持外，政府还设立了各类奖学金、助学金，用于奖励在技能培训中表现优异的学员。此外，获得相关技能认证的个人，在职业晋升、薪资待遇等方面也将获得明显提升，进一步增强了个人参与技能培训的动力。

（三）终身学习体系的成效与影响

通过"技能创前程"计划的持续推进，新加坡成功构建起了一个覆盖全民、贯穿一生的终身学习体系，取得了显著的成效。从劳动力市场角度来看，新加坡劳动力的技能水平得到了大幅提升，有效满足了产业升级与经济转型对高素质人才的需求。在数字经济蓬勃发展的当下，新加坡凭借"技能创前程"计划培养出的大量数字技术人才，迅速在金融科技、电子商务、智能物流等新兴领域崭露头角，推动这些产业成为新加坡经济增长的新引擎。同时，传统产业的工人通过技能培训，实现了向高附加值岗位的转型，提高了劳动生产率，增强了新加坡传统产业在全球市场的竞争力。

从社会层面来看，终身学习体系的建立促进了社会公平与和谐。无论出身背景、教育程度如何，每一位新加坡公民都有机会通过不断学习提升自己，实现个人价值与职业发展。这不仅增强了公民的社会归属感与幸福感，还为社会的稳定发展奠定了坚实的基础。此外，"技能创前程"计划所倡导的终身学习理念，在新加坡社会中逐渐形成了一种积极向上、追求进步的文化氛围，激发了全社会的创新活力与创造力，为新加坡在全球创新竞争中赢得了先机。

二、"全球学校网络"战略：汇聚全球优质教育资源

（一）吸引顶尖名校入驻

为进一步提升新加坡的教育水平与国际竞争力，新加坡政府实施了"全球学校网络"战略，积极吸引全球顶尖名校在新加坡设立分校或开展合作办学项目。在这一战略的推动下，哈佛大学、耶鲁大学、斯坦福大学、麻省理工学院等世界一流大学纷纷在新加坡落地生根。这些名校的入驻，为新加坡带来了国际前沿的教育理念、教学方法与课程体系，极大地丰富了新加坡的教育资源，提升了新加坡在全球教育领域的知名度与影响力。

以新加坡国立大学与耶鲁大学合作创办的耶鲁－新加坡国立大学学院为例，该学院采用美式博雅教育模式，注重培养学生的批判性思维、跨学科知识整合能力以及全球视野。学院开设的课程涵盖人文科学、社会科学、自然科学等多个领域，由耶鲁大学与新加坡国立大学的优秀教师共同授课。学生在学习过程中，不仅能够接触

到世界顶尖的学术资源，还能在多元文化的交流与碰撞中，培养独特的创新思维与解决复杂问题的能力。这种国际化的教育模式，为新加坡培养出了一批具有全球竞争力的高素质人才，满足了新加坡在高端服务业、科技创新等领域对人才的需求。

（二）构建"教育—科研—产业"闭环

新加坡政府在吸引名校入驻的同时，还注重推动教育、科研与产业之间的深度融合，构建起一个相互促进、协同发展的"教育—科研—产业"闭环。在科研方面，新加坡政府增加对科研基础设施的投资，推动高校和科研机构进行前沿科学研究，并与企业建立紧密的产学研合作。科研成果能快速转化为生产力，为企业的创新提供技术支持；企业通过参与科研项目，为高校和科研机构提供实践平台和资金支持，推动科研成果的市场化应用。

例如，新加坡的生物医学研究领域在"教育—科研—产业"闭环模式下取得了显著成就。新加坡国立大学、南洋理工大学等高校的生物医学专业吸引了大量国际顶尖科研人才，他们在基因编辑、精准医疗、生物医药研发等前沿领域开展深入研究。同时，新加坡政府通过设立生物医学科学园区等产业集群，吸引了众多国际知名生物医药企业入驻。高校与科研机构的科研成果在园区内迅速实现产业化转化，企业则为科研人员提供了丰富的临床数据与研发资金，推动生物医学研究不断取得新突破。这种产学研深度融合的模式，不仅提升了新加坡在生物医学领域的科研水平与产业竞争力，还为新加坡创造了大量高附加值的就业岗位，推动了经济的可持续发展。

（三）国际人才交流与合作

"全球学校网络"战略的实施，还促进了新加坡与全球各国之间的人才交流与合作。随着众多国际名校在新加坡设立分校或开展合作项目，大量来自世界各地的优秀教师与学生汇聚新加坡。这些国际人才不仅为新加坡带来了丰富的知识与经验，还促进了不同文化之间的交流与融合，营造了一个开放、包容、创新的人才发展环境。

同时，新加坡的学生与教师也有更多机会走出国门，参与国际学术交流活动、海外实习项目以及联合科研合作等。通过这些国际交流活动，新加坡的人才能够拓宽国际视野，了解全球最新的学术动态与行业发展趋势，提升自身的国际竞争力。例如，新加坡高校每年都会选派大量优秀学生前往合作院校进行交换学习，参与国际学术会议与科研项目；教师也会定期赴海外参加学术研讨会、开展合作研究，与国际同行保持密切的沟通与合作。这种双向的人才交流与合作机制，使新加坡在全球人才竞争中占据了有利地位，源源不断地吸引全球优秀人才为新加坡的发展贡献力量。

三、人才培养与产业升级的深度绑定

（一）精准匹配产业需求的人才培养模式

新加坡在"投资于人"的过程中，始终坚持以产业需求为导向，构建了一套精准匹配产业发展的人才培养模式。政府通过对国内外产业发展趋势的密切跟踪与深入分析，及时调整教育与培训政策，确保人才培养与产业升级的步伐高度一致。例如，随着全球绿色能源产业的兴起，新加坡政府敏锐地捕捉到这一发展机遇，迅速加大对新能源、可再生能源等相关专业的教育与培训投入。在高校层面，新加坡国立大学、南洋理工大学等高校纷纷开设新能源科学与工程、能源管理等专业课程，培养了大量掌握新能源技术与管理知识的专业人才；在职业教育与培训领域，各类职业院校与培训机构也积极开设相关技能培训课程，为新能源产业培养了大批一线技术工人与应用型人才。这些专业人才的培养，为新加坡在绿色能源产业的布局与发展提供了有力的人才支撑，使新加坡能够在全球绿色能源产业竞争中抢占先机。

（二）产业政策与人才政策的协同推进

为实现人才培养与产业升级的深度绑定，新加坡政府注重产业政策与人才政策的协同推进。在产业政策方面，政府通过制订产业发展规划、出台产业扶持政策等手段，引导资源向重点发展产业集聚，推动产业结构优化升级。例如，新加坡政府为促进金融科技产业的发展，制定了详细的金融科技发展蓝图，出台了一系列税收优惠、资金扶持、场地补贴等政策，吸引了众多金融科技企业在新加坡设立总部或研发中心。在人才政策方面，政府围绕重点发展产业的人才需求，制定了相应的人才引进、培养与激励政策。针对金融科技产业，政府加大了对金融科技人才的引进力度，通过提供优厚的薪酬待遇、住房补贴、子女教育等福利，吸引了大量国际金融科技人才来新加坡工作与生活。同时，政府还鼓励本地高校与企业合作开展金融科技人才培养项目，为在职人员提供金融科技技能培训课程，提升本地人才的金融科技素养。通过产业政策与人才政策的协同推进，新加坡成功实现了人才培养与产业发展的良性互动，促进了经济的快速发展。

（三）企业在人才培养中的主体作用

在新加坡的人才培养体系中，企业发挥着至关重要的主体作用。政府通过政策引导与激励机制，鼓励企业深度参与人才培养过程，将企业的实际需求融入教育与培训内容之中。[①] 一方面，企业积极与高校、职业院校开展合作办学项目，共同制订人才培养方案、开发课程体系、建设实习实训基地。例如，新加坡的许多企业与高校联合开设了"三明治"课程。学生在学习过程中，会交替在学校与企业进行学习与实习，在掌握理论知识的同时，能够积累丰富的实践经验，毕业后能够迅速适应企业的工作岗位需求。另一方面，企业自身也加大了对员工培训的投入，建立了完善的内部培训体系。企业根据自身的业务发展战略与员工的职业发展规划，为员工提供个性化的培训课程，帮助员工不断提升专业技能与综合素质。同时，企业还积极与国内外同行开展技术交流与合作，为员工提供学习先进技术与管理经验的机会，促进员工的职业成长与发展。通过企业在人才培养中的主体作用发挥，新加坡实现了人

①　陈恩."亚洲四小龙"发展中小企业的经验和策略［J］.东南亚研究,1989(2)：7.

才培养与企业实际需求的无缝对接，提高了人才培养的针对性与实效性。

四、新加坡经验对中国的启示与借鉴

（一）强化终身学习体系建设，提升劳动者技能素质

新加坡的"技能创前程"计划为我国构建终身学习体系提供了有益的借鉴。我国应进一步加大对终身学习的政策支持与资金投入，建立健全覆盖全民、灵活多样的终身学习体系。政府可设立专门的终身学习专项资金，用于支持各类技能培训项目、学习资源开发以及学习平台建设。同时，要鼓励社会力量参与终身学习体系建设，引导企业、社会组织等积极开展职业技能培训、继续教育等业务。在课程设置方面，应紧密结合我国产业升级与经济转型的需求，开设更多与新兴产业、先进制造业、现代服务业等相关的培训课程，提高劳动者的技能水平与就业竞争力。此外，还应借鉴新加坡"技能创前程账户"的做法，赋予劳动者更大的学习自主权，通过建立个人学习账户，为劳动者提供学习资金支持，鼓励劳动者自主选择学习内容与方式，激发劳动者参与终身学习的积极性与主动性。

（二）积极引进国际优质教育资源，提升教育国际化水平

新加坡的"全球学校网络"战略启示我国应积极主动地引进国际优质教育资源，提升我国教育的国际化水平。我国可进一步放宽

外资办学政策，吸引更多世界知名高校、教育机构来我国设立分校、开展合作办学项目。通过引进国际先进的教育理念、教学方法与课程体系，推动我国教育教学改革，提高人才培养质量。同时，要加强与国际教育组织、高校之间的交流与合作，积极参与国际教育规则的制定，提升我国在全球教育领域的话语权与影响力。此外，还应鼓励我国高校与科研机构"走出去"，在海外设立教学科研基地，开展国际联合科研项目，培养具有全球视野的高层次人才，促进我国教育与科技的国际化发展。

（三）推动人才培养与产业升级深度融合，实现经济高质量发展

新加坡将人才培养与产业升级深度绑定的成功经验，对我国实现经济高质量发展具有重要的指导意义。我国应建立健全人才培养与产业需求对接机制，加强政府、高校、企业之间的沟通与协作。政府应加强对产业发展趋势的研究与预测，根据产业发展需求制订人才培养规划，引导高校与职业院校调整专业设置与课程体系。高校与职业院校要主动与企业开展合作，建立产学研合作联盟，共同开展人才培养、技术研发、成果转化等工作。企业要充分发挥在人才培养中的主体作用，加大对员工培训的投入，建立内部培训学院或与高校联合开展培训项目，为员工提供更多学习与发展的机会。通过推动人才培养与产业升级深度融合，我国能够培养出更多适应产业发展需求的高素质人才，为经济高质量发展提供坚实的人才保障。

新加坡从"人才立国"到"人才生态"的进阶历程，是一部成

功的人力资本投资实践史。其在构建终身学习体系、吸引国际优质教育资源、推动人才培养与产业升级深度融合等方面的宝贵经验，为我国在新时代推进"投资于人"战略提供了丰富的借鉴与启示。我国应结合自身国情，合理吸收新加坡的成功经验，不断创新与完善人力资本投资的政策与举措，推动我国经济社会的持续健康发展，向着实现中华民族伟大复兴的目标奋勇前进。

第三节　德国实践："双元制"教育与银发人力资源开发

在全球人力资本投资的多元格局中，德国以其独树一帜的"全龄友好型"投资策略，为世界各国提供了极具价值的范例。德国通过精心打造"双元制"职业教育体系，巧妙地将企业实训与职业学校教育紧密融合，成功地为青年群体铺设了一条通向优质就业的坚实道路，使得青年失业率长期稳定在令人瞩目的 5% 以下。与此同时，面对日益严峻的人口老龄化挑战，德国积极推行"终身职业能力发展计划"，专门为 55 岁以上人群提供免费的技能培训，并借助完善的立法保障老年群体的就业权益，进而在老年人才再就业领域取得了全球领先的成绩。这种全方位、贯穿人生不同阶段的投资策略，不仅有效缓解了德国劳动力短缺的困境，更为重要的是，实现了人力资本在全生命周期内的持续增值，为德国经济社会的稳健发展注入了源源不断的动力。深入剖析德国在这两方面的实践经验，对我国在新时代背景下优化人力资本投资战略、应对人口结构变化挑战、推动经济高质量发展具有重要的借鉴意义。

一、"双元制"职业教育体系：青年就业的坚实保障

（一）企业实训与职业学校教育的深度融合

德国的"双元制"职业教育体系堪称职业教育领域的典范，其核心特征在于企业实训与职业学校教育的有机结合，实现了理论与实践的无缝对接。在"双元制"模式下，学生兼具职业学校学生与企业学徒的双重身份。大约 70% 的时间，学生在企业中接受实践培训，由企业经验丰富的师傅进行一对一指导，参与实际生产流程，学习企业先进的技术工艺、管理模式以及岗位所需的实际操作技能。例如，在汽车制造领域，学生在宝马、大众等知名企业的生产线上，亲身体验汽车零部件的加工、组装、检测等环节，熟练掌握各类先进设备的操作方法，了解汽车行业的最新技术趋势与质量标准。而另外 30% 的时间，学生则在职业学校中进行理论知识的学习，涵盖专业基础课程、行业法规、安全知识等内容。职业学校的教师大多具有丰富的行业经验，能够将理论知识与实际工作场景紧密联系，使学生更好地理解和掌握专业知识。

这种深度融合的模式使学生在学习过程中就能充分了解企业的实际需求，掌握实用的职业技能，毕业后能够迅速适应工作岗位，无缝融入企业生产运营之中。企业也通过参与职业教育，提前储备符合自身需求的高素质技能人才，降低了招聘与培训成本，提高了企业的生产效率与竞争力。

（二）完善的法律保障与行业协会的推动

德国"双元制"职业教育体系的成功运行离不开完善的法律保障与行业协会的积极推动。德国政府制定了一系列详尽的法律法规，如《职业教育法》《企业基本法》等，对"双元制"职业教育的各个环节进行了明确规范。这些法律规定了企业、职业学校、学生以及政府在职业教育中的权利与义务，确保了职业教育的质量与规范性。例如，《职业教育法》明确要求企业必须为学徒提供符合标准的培训岗位与培训条件，企业需具备相应的培训资质，学徒在培训期间享有一定的工资待遇等。同时，法律还规定了职业学校的教学内容、师资标准以及考核评价机制，保障了职业学校教育的质量。

行业协会在"双元制"职业教育中也发挥着不可或缺的作用。德国的行业协会遍布各个行业领域，它们根据行业发展需求，制定职业培训的具体标准与课程大纲，组织企业与职业学校共同参与职业教育。行业协会还负责对企业的培训资质进行审核，对学徒的培训过程进行监督，确保培训质量符合行业要求。此外，行业协会通过举办各类职业技能竞赛、研讨会等活动，促进企业与学校之间的交流与合作，推动职业教育的创新发展。

（三）"双元制"教育的成效与对青年就业的积极影响

经过长期的发展与完善，德国"双元制"职业教育体系取得了显著的成效，对德国青年就业产生了极为积极的影响。从就业数据来看，德国青年失业率长期维持在 5% 以下，远低于欧盟平均水平。接受"双元制"职业教育的学生在毕业后，凭借扎实的专业技能与丰富的实践经验，受到企业的广泛欢迎，就业前景十分广阔。许多学生在培训期间就与实习企业签订了就业合同，实现了从学校到企业的平稳过渡。

在产业发展方面，"双元制"职业教育为德国制造业的高质量发展提供了坚实的人才支撑。德国制造业以其精湛的工艺、高品质的产品在全球市场占据重要地位，这离不开"双元制"职业教育培养出的大量高素质技术工人。这些技术工人在生产一线能够熟练运用先进技术与设备，确保产品质量达到极致，推动德国制造业不断创新升级。同时，"双元制"职业教育也促进了德国中小型企业的发展。中小型企业在德国经济中占据重要地位，通过参与"双元制"职业教育，中小型企业能够培养出符合自身特色需求的技能人才，提升企业的核心竞争力，促进企业的持续发展。

二、应对老龄化："终身职业能力发展计划"与老年就业权益保障

（一）"终身职业能力发展计划"的实施

随着人口老龄化程度的不断加深，德国面临着劳动力短缺的严峻挑战。为有效应对这一问题，德国政府推出了"终身职业能力发展计划"，将目光聚焦于 55 岁以上人群的人力资源开发。该计划旨在为老年群体提供免费的技能培训，帮助他们提升职业能力，适应

不断变化的市场需求，实现再就业或延长职业生涯。

在培训内容方面，"终身职业能力发展计划"充分考虑了老年群体的特点与市场需求。针对传统行业的老年从业者，培训课程侧重于新技术、新工艺的应用，帮助他们提升现有技能水平，适应行业的转型升级。例如，对于从事机械制造行业的老年工人，开设工业 4.0 技术应用、智能制造系统操作等培训课程，使他们能够掌握先进的生产技术，继续在行业中发挥作用。对于希望进入新兴行业的老年群体，则提供数字技术、健康护理、环保等领域的基础培训课程，帮助他们开拓新的职业发展方向。同时，培训课程还注重培养老年群体的软技能，如沟通能力、团队协作能力、学习能力等，以提升他们在工作中的综合表现。

在培训方式上，德国政府采用了多样化的手段，以满足老年群体的学习需求。除了传统的课堂教学外，还广泛运用在线学习平台、远程培训等方式，为老年群体提供便捷的学习渠道。此外，政府还鼓励企业与职业培训机构合作，开展针对老年群体的定制化培训项目，根据企业实际需求为老年群体提供精准的技能培训服务。

（二）立法保障老年人的就业权益

为确保老年群体能够顺利实现再就业并在工作中享有平等的权益，德国政府通过立法手段，为老年人就业提供了坚实的法律保障。德国的《反就业歧视法》明确规定，禁止在就业过程中因年龄、性别、种族等因素对求职者或员工进行歧视。在老年人就业方面，该法律要求企业在招聘、晋升、薪酬待遇等方面不得对老年员工设置不合理的障碍，必须给予老年员工与年轻员工同等的机会与待遇。同时，德国还制定了相关法律法规，鼓励企业延长老年员工的工作年限，为老年员工提供灵活的工作安排。例如，企业可以根据老年员工的身体状况与工作需求，实行弹性工作制度，允许老年员工在一定范围内自主选择工作时间与工作任务，既保障了老年员工的工作权益，又提高了老年员工的工作满意度与工作效率。

此外，德国政府还通过一系列政策措施，鼓励企业吸纳老年员工。对于雇用一定比例老年员工的企业，政府给予税收优惠、财政补贴等政策支持，降低企业的用工成本，提高企业雇用老年员工的积极性。同时，政府还建立了老年就业服务平台，为老年求职者提供职业咨询、就业信息发布、岗位匹配等一站式服务，帮助老年群体更好地了解市场需求，找到适合自己的工作岗位。

（三）老年人才再就业的成果与社会经济影响

通过"终身职业能力发展计划"的实施与老年就业权益保障法律的完善，德国在老年人才再就业方面取得了令人瞩目的成果。德国老年人才的再就业率在全球处于领先地位，大量 55 岁以上的老年人重新回到职场，继续为社会经济的发展贡献力量。

从社会层面来看，老年人才再就业缓解了德国劳动力短缺的压力，减轻了社会养老负担，促进了社会的稳定与和谐。老年群体凭借丰富的工作经验、专业知识以及高度的责任心，在工作中发挥着重要作用，为年轻员工树立了榜样，促进了代际之间的交流与传承。从经济层面来看，老年人才再就业增加了劳动力供给，提高了劳动生产率，推动了经济的持续增长。老年群体在传统行业中能够继续发挥技术优势，为行业的稳定发展提供支持；在新兴行业中，通过学习新知识、新技能，也能够为新兴产业的发展注入新的活力。同时，老年群体的消费能力也随着再就业得到提升，进一步拉动了内需，促进了经济的良性循环。

三、德国"全龄友好型"投资策略对中国的启示

（一）优化职业教育体系，加强产教融合

德国"双元制"职业教育体系为我国优化职业教育体系、加强产教融合提供了宝贵的经验借鉴。我国应进一步完善职业教育法律法规，明确企业、职业院校、政府等各方在职业教育中的职责与权利，建立健全产教融合的激励机制。政府可以通过税收优惠、财政补贴等政策手段，鼓励企业深度参与职业教育，与职业院校共建实训基地、共同开发课程、共同培养人才。职业院校要紧密围绕市场需求，调整专业设置与课程体系，加强师资队伍建设，提高教师的实践教学能力。同时，要积极引入行业标准与企业实际项目，使学生在学习过程中能够接触到真实的工作场景，掌握实用的职业技能。此外，还应加强行业协会在职业教育中的作用，充分发挥行业协会在制定职业标准、开展职业技能鉴定、促进校企合作等方面的优势，推动我国职业教育高质量发展，为产业升级培养更多的高素质技术技能人才。

（二）重视老年人力资源开发，完善老年就业政策

面对我国日益严峻的人口老龄化趋势，德国在老年人力资源开发与老年就业政策方面的实践对我国具有重要的启示意义。我国应制定专门的老年人力资源开发战略，加大对老年群体职业培训的投入，建立健全老年职业培训体系。根据老年群体的特点与市场需求，开发多样化的培训课程，采用灵活多样的培训方式，帮助老年群体提升职业能力，适应社会的发展变化。同时，要完善老年就业法律法规，消除就业过程中的年龄歧视，保障老年群体的平等就业权益。政府应出台相关的政策，鼓励企业吸纳老年员工，为企业提供一定的政策支持与补贴。此外，还应加强老年就业服务体系的建设，搭建老年就业信息平台，为老年求职者提供职业指导、岗位推荐等服务，促进老年人才的合理流动与有效配置。

（三）构建全龄友好型社会，促进人力资本持续增值

德国的全龄友好型投资策略启示我国，要注重构建全龄友好型社会，促进人力资本在全生命周期内的持续增值。在教育方面，应建立从学前教育到终身教育的完整体系，关注不同年龄段人群的学习需求，提供多样化的教育资源与学习机会。在就业方面，要制定公平合理的就业政策，保障各个年龄段人群的就业权益，鼓励不同年龄段的劳动者相互学习、相互协作，实现人力资源的优化配置。在社会服务方面，要加强养老、医疗、文化等公共服务设施的建设，为老年人、儿童、残疾人等特殊群体提供便利，营造和谐包容

的社会环境。通过构建全龄友好型社会，我国能够充分挖掘各个年龄段人群的潜力，激发全社会的创新活力与创造力，推动经济社会的持续健康发展。

德国在"双元制"职业教育与银发人力资源开发方面的成功实践，为我国在人力资本投资领域提供了丰富的经验与有益的启示。我国应结合自身国情，合理借鉴德国的先进经验，不断完善人力资本投资政策与举措，推动我国在职业教育发展、应对人口老龄化等方面取得新的突破，为实现经济高质量发展、建设社会主义现代化强国奠定坚实的基础。

第四节　日本探索：少子化应对 与"超智能社会 5.0"战略

在全球人口结构变迁与科技迅猛发展的浪潮中，日本以其独特的探索路径，为"投资于人"提供了极具价值的实践样本。日本长期面临严峻的少子化与深度老龄化挑战，这对其社会经济发展产生了深远影响。为化解这一困境，日本政府积极构建全面的育儿支持体系，通过实施"少子化对策大纲"，推出免费学前教育、高额育儿补贴及弹性工作制度等一系列举措，致力于减轻家庭育儿负担，提高生育率。与此同时，日本大力推动"超智能社会 5.0"战略，将前沿的人工智能技术与医疗、养老等关键民生领域深度融合，旨在借助科技力量提升社会服务效率与质量，缓解人口结构变化带来的压力。这种"技术赋能 + 政策托底"的模式，不仅为日本应对深度老龄化提供了可行方案，更为世界各国在"投资于人"方面提供了宝贵经验，充分表明在新时代背景下，"投资于人"需兼顾短期保障民生福祉与长期培育创新能力，实现社会经济的可持续发展。深入探究日本在这两方面的实践，对我国在人口政策调整、科技创新应用以及社会民生保障等领域的发展具有重要的借鉴意义。

一、"少子化对策大纲"：育儿支持体系的构建

（一）免费学前教育的全面推行

  日本政府深刻认识到学前教育对儿童成长以及缓解少子化问题的重要性，因此在"少子化对策大纲"中，将免费学前教育作为核心举措之一大力推行。自 2019 年 10 月起，日本实施了针对 3 岁至 5 岁儿童的免费学前教育政策，所有符合条件的儿童均可在公立或认定的私立幼儿园、保育园免费接受学前教育服务。这一政策的实施，极大地减轻了家庭在学前教育阶段的经济负担。在日本，学前教育费用原本是家庭育儿支出的重要组成部分，尤其是对于一些中低收入家庭而言，学前教育费用可能占据家庭收入的相当比例。免费学前教育政策的出台，使这些家庭能够将更多的资源投入其他育儿需求中，如儿童的营养、教育玩具的购买等，从而提升家庭育儿的整体质量。

  此外，免费学前教育政策的推行还有助于提高学前教育的普及率。在政策实施前，由于经济因素等原因，部分家庭可能会选择延迟送孩子入园或减少孩子接受学前教育的时间。而免费政策的实施，消除了这些障碍，更多的孩子能够在适宜的年龄接受系统的学前教育。这不仅有利于儿童的智力开发、社交能力培养以及良好生活习惯的养成，也为其后续的学校教育奠定了坚实的基础，从长远来看，对提升日本国民素质具有重要意义。

（二）高额育儿补贴的激励作用

为进一步鼓励家庭生育并支持育儿，日本政府提供了高额的育儿补贴。育儿补贴涵盖生育补贴、儿童抚养补贴等多个方面。生育补贴在女性生育时一次性发放，用于补偿家庭在生育过程中的相关费用支出，如医疗费用、产后护理费用等。儿童抚养补贴则是根据家庭中孩子的数量以及年龄等因素，每月定期发放给家庭，以帮助家庭承担孩子成长过程中的生活费用，如食品、衣物、教育费用等。

以东京为例，生育补贴金额高达 42 万日元（约合人民币 2.6 万元），这在一定程度上缓解了家庭因生育而产生的经济压力。儿童抚养补贴根据孩子年龄不同有所差异，0 岁至 3 岁儿童每月可获得 1.5 万日元（约合人民币 900 元）补贴，3 岁至小学毕业儿童每月补贴金额为 1 万日元（约合人民币 600 元），对于单亲家庭或低收入家庭，补贴金额更高。这些高额育儿补贴对于家庭来说是一笔可观的收入，能够有效减轻家庭育儿的经济负担，增强家庭的生育意愿。同时，育儿补贴政策也体现了日本政府对家庭育儿的重视与支持，在社会层面营造了鼓励生育、支持育儿的良好氛围。

（三）弹性工作制度的实施

为解决职场父母在育儿过程中面临的工作与家庭平衡难题，日本政府积极推动弹性工作制度的实施。在企业层面，政府通过立法与政策引导，鼓励企业为员工提供更加灵活的工作安排。例如，企业可以允许员工采用弹性工作时间，员工可以根据自身家庭情况与工作需求，在一定范围内自主选择上班与下班时间，只要保证完成规定的工作时长即可。此外，企业还可以推行远程办公制度，对于一些工作性质允许的岗位，员工可以在家中通过网络等方式完成工作任务。

在育儿假方面，日本也不断完善相关制度。除了法定的产假与陪产假外，日本还设立了育儿休假制度，父母双方在孩子年满 3 岁之前，均可申请最长一年的育儿休假，且在休假期间，企业需按照一定比例支付员工工资。这种弹性工作制度与育儿休假制度的实施，使得职场父母能够更好地平衡工作与家庭责任，在不影响职业发展的前提下，有更多的时间陪伴孩子成长，参与孩子的教育与照顾。这不仅有助于提升家庭的育儿质量，促进孩子的身心健康发展，还能够提高职场父母的工作满意度与忠诚度，对企业的稳定发展以及社会的和谐稳定具有积极意义。

二、"超智能社会 5.0"战略：人工智能与民生领域的深度融合

（一）人工智能在医疗领域的应用

日本在"超智能社会 5.0"战略的指引下，积极推动人工智能技术在医疗领域的广泛应用，以应对老龄化带来的医疗服务需求增长与医疗资源短缺问题。在疾病诊断方面，人工智能技术能够对大量的医疗数据进行快速分析与处理，帮助医生提高诊断的准确性与

效率。例如，日本研发的人工智能诊断系统可以通过分析医学影像，如 X 光、CT、MRI 等图像数据，快速准确地检测出疾病特征，为医生提供诊断参考。该系统能够在短时间内处理海量的影像数据，发现一些人类医生可能忽略的细微病变，大大提高了疾病早期诊断的准确率，为患者赢得宝贵的治疗时间。

在医疗服务方面，人工智能助力远程医疗的发展。通过视频通话、远程监测设备等技术手段，结合人工智能辅助诊断系统，医生可以为偏远地区或行动不便的患者提供远程医疗服务。患者在家中即可接受医生的诊断与治疗建议，减少了往返医院的奔波与时间成本。同时，人工智能还可以用于医疗护理领域，例如，智能护理机器人的应用。这些机器人可以协助护士完成一些基础的护理工作，如帮助患者翻身、移动、测量生命体征等，减轻护理人员的工作负担，提高护理服务的质量与效率。此外，人工智能还可以通过分析患者的健康数据，为患者制订个性化的健康管理方案，提供饮食、运动、康复等方面的建议，促进患者的健康恢复并预防疾病的发生。

（二）人工智能在养老领域的创新实践

面对日益庞大的老年群体，日本将人工智能技术广泛应用于养老领域，创新养老服务模式，提升老年人的生活质量。在养老设施方面，日本的智能养老院配备了先进的人工智能设备。例如，智能床垫可以实时监测老年人的睡眠情况，包括心率、呼吸频率、翻身次数等数据，并将这些数据传输给医护人员或家属。一旦发现老年人身体状况异常，系统会立即发出警报，以便及时采取相应的医疗措施。智能摄像头可以监测老年人在房间内的活动情况，防止老年人发生跌倒等意外事件。如果老年人长时间处于静止状态或出现异常行为，摄像头会自动触发警报，通知相关人员进行处理。

在日常生活辅助方面，人工智能机器人为老年人提供了诸多便利。家务机器人可以帮助老年人打扫房间、洗碗、洗衣服等，减轻老年人的家务负担。陪伴机器人则可以与老年人聊天、玩游戏、播放音乐等，缓解老年人的孤独感，丰富老年人的精神文化生活。此外，日本还开发了一些基于人工智能技术的老年健康管理 App，老年人可以通过手机或智能穿戴设备记录自己的健康数据，如血压、血糖、步数等，App 会根据这些数据为老年人提供健康评估与建议。同时，App 还可以与医疗机构、社区服务中心等进行数据共享，实现对老年人健康的全方位跟踪与管理。

（三）"超智能社会 5.0" 战略的成效与意义

通过"超智能社会 5.0"战略的实施，日本在人工智能与医疗、养老等民生领域的融合取得了显著成效。在医疗领域，人工智能技术的应用提高了医疗服务的可及性与质量，改善了患者的就医体验，尤其是为偏远地区与老年患者提供了更加便捷、高效的医疗服务。同时，人工智能辅助诊断系统的应用也在一定程度上缓解了医生短缺的问题，提高了医疗资源的利用效率。在养老领域，人工智能技术的创新实践为老年人提供了更加安全、舒适、便捷的生活环境，提升了老年人的生活自理能力与生活质量，减轻了家庭与社会的养老负担。

从社会经济发展层面来看，"超智能社会 5.0"战略的实施推动了日本人工智能产业的发展，培育了新的经济增长点。大量的科研投入与产业实践促进了人工智能技术的不断创新与进步，带动了相关产业链的发展，如传感器制造、数据分析、软件开发等。同时，人工智能技术在民生领域的应用也提高了社会运行效率，促进了社会资源的优化配置，为日本经济社会的可持续发展注入了新的动力。

三、日本"技术赋能 + 政策托底"模式对中国的启示

（一）完善育儿支持体系，缓解家庭育儿压力

日本在育儿支持体系构建方面的经验为我国提供了重要的借鉴。我国应进一步加大对学前教育的投入，逐步推进免费学前教育政策的实施。政府可以通过财政拨款、专项补贴等方式，支持公立幼儿园的建设与发展，提高公立幼儿园的覆盖率。同时，对于符合条件的私立幼儿园，政府可以给予一定的资金支持与政策优惠，引导其提供普惠性学前教育服务。此外，我国还应完善育儿补贴制度，根据家庭收入水平、孩子数量等因素，制定差异化的育儿补贴标准，提高育儿补贴的精准性与有效性。在工作与家庭平衡方面，我国应加强相关法律法规的制定与完善，推动企业实施弹性工作制度与育儿休假制度。政府可以通过税收优惠、财政补贴等政策手段，鼓励企业为员工提供更加灵活的工作安排，帮助职场父母更好

地平衡工作与家庭责任，提高家庭生育意愿与育儿质量。

（二）加速人工智能与民生领域融合，应对人口结构变化

随着我国人口老龄化程度的加深，日本在"超智能社会 5.0"战略中关于人工智能与医疗、养老等民生领域融合的实践对我国具有重要启示。我国应加大对人工智能技术研发的投入，鼓励科研机构、高校与企业开展产学研合作，突破人工智能在医疗、养老等领域应用的关键技术瓶颈。在医疗领域，积极推广人工智能辅助诊断系统、远程医疗技术等应用，提高医疗服务的效率与质量，缓解医疗资源分布不均的问题。在养老领域，加快智能养老设备与服务的研发与应用，如智能健康监测设备、养老机器人等，为老年人提供更加安全、便捷、舒适的养老服务。同时，我国还应加强相关标准与规范的制定，保障人工智能在民生领域应用的安全性与可靠性。此外，政府应通过政策引导，鼓励社会资本参与人工智能在民生领域的应用与推广，形成多元化的投入机制，推动人工智能技术在民生领域的广泛应用与创新发展。

（三）兼顾短期保障与长期创新，推动可持续发展

日本的"技术赋能 + 政策托底"模式充分体现了兼顾短期保障民生福祉与长期培育创新能力的重要性。我国在"投资于人"的过程中，也应注重这两方面的平衡。在短期保障方面，政府应加强社会保障体系建设，提高民生保障水平，加大对教育、医疗、养老等

领域的投入，确保人民群众能够享受到基本的公共服务，减轻家庭在育儿、医疗、养老等方面的负担。在长期创新方面，政府应加大对科技创新的支持力度，培育创新型人才，推动科技成果转化与应用。鼓励企业加大研发投入，提高自主创新能力，培育新的经济增长点。同时，加强知识产权保护，营造良好的创新环境。通过兼顾短期保障与长期创新，我国能够实现经济社会的可持续发展，提升国家的综合竞争力。

日本在少子化应对与"超智能社会 5.0"战略方面的探索，为我国在人口政策调整、科技创新应用以及社会民生保障等领域提供了丰富的经验与有益的启示。我国应结合自身国情，合理借鉴日本的先进经验，不断完善相关政策与举措，推动我国在"投资于人"方面取得新突破，实现经济社会的高质量发展。

第七章

未来图景：

"投资于人"的 N 种可能

——技术奇点下的"精准投资"革命

第一节　脑机接口：重塑教育投资的"神经基建"

　　硅谷的前沿科技正以惊人的速度将教育投资的边界拓展至"神经可塑性"这一微观而关键的层面。以 Neuralink 开发的脑机接口系统为代表，其通过芯片植入实现直接向大脑传输知识模块，极大地颠覆了传统的学习模式，使语言学习的效率得到了令人瞩目的 400% 的提升。与此同时，中国在"十四五"规划中积极推进脑科学计划，其中"类脑智能教育平台"的建设备受关注，该平台借助 EEG（electroencephalogram，脑电图）脑电波监测技术，能够为学习者量身定制个性化的学习路径。这些前沿科技的探索与实践，共同指向一种全新的"神经基建"投资模式。这种模式有望打破传统教育长期以来边际成本递增的固有局限，深刻验证了"投资于人"正朝着精准化、普惠化的方向大步迈进，一幅充满无限可能的未来教育投资图景正在徐徐展开。

一、硅谷的先锋探索：Neuralink 脑机接口系统与教育革新

（一）脑机接口技术的突破与原理

　　Neuralink 作为脑机接口领域的先锋企业，其研发的脑机接口

系统堪称一项具有里程碑意义的科技创新。该系统的核心在于通过将极其微小的电极芯片植入大脑特定区域，实现大脑与外部设备之间的直接信息交互。其原理是基于对大脑神经电信号的精准解读与操控。大脑在进行各种思维活动、感知外界信息以及控制身体运动时，神经元会产生特定模式的电信号。Neuralink 的芯片能够捕捉到这些微弱的电信号，并将其转化为计算机能够理解的数字信号。反之，计算机生成的指令信号也可以通过芯片转化为电刺激，直接作用于大脑神经元，从而实现信息的双向传输。

例如，在学习语言的过程中，大脑中负责语言处理的区域，如布洛卡区、韦尼克区等会产生相应的神经活动。Neuralink 的脑机接口系统可以精准监测这些区域的神经电信号变化，分析学习者在语言学习过程中的难点与薄弱环节。同时，系统还能将经过精心编码的语言知识模块，以电刺激的形式直接传输至大脑的相关区域，绕过传统的感官输入途径，如视觉、听觉等，使学习者能够更加高效地吸收和理解知识。这种直接与大脑对话的方式，极大地缩短了知识传递的路径，提高了学习效率。

（二）对语言学习等领域的革命性影响

Neuralink 脑机接口系统在语言学习领域展现出了前所未有的优势。传统的语言学习方式，通常依赖于学习者通过听、说、读、写等多种感官途径逐步积累语言知识，这一过程往往耗时较长，且学习效果受到多种因素的制约，如学习者的学习环境、学习方法、学习天赋等。而借助 Neuralink 脑机接口系统，学习者可以在短时间内快速掌握大量的语言知识。

以学习一门外语为例，系统可以将外语的词汇、语法、发音等知识模块进行数字化编码，并通过芯片植入直接传输至大脑的语言学习区域。学习者在接收这些知识后，大脑能够迅速对其进行整合与理解，就如同在大脑中构建了一个庞大的语言知识库。实验数据表明，使用 Neuralink 脑机接口系统进行语言学习的效率相较于传统学习方式提升了 400%。学习者不仅能够快速记忆大量的词汇与语法规则，还能在短时间内掌握较为地道的发音技巧，大大缩短了语言学习的周期。

除了语言学习之外，脑机接口系统在其他教育领域也具有巨大的应用潜力。在科学知识学习方面，如物理、化学等学科，系统可以将抽象的科学概念、实验过程等以直观的神经信号形式传输至大脑，帮助学习者更好地理解和掌握复杂的科学知识。在艺术教育领域，如音乐、绘画等，脑机接口系统可以通过监测大脑的审美感知神经信号，为学习者提供个性化的艺术创作指导，激发学习者的艺术创造力。

（三）对传统教育投资模式的冲击与重构

Neuralink 脑机接口系统的出现，对传统教育投资模式产生了深远的冲击与重构。在传统教育投资中，为了提高教育质量，往往需要不断增加投入，如建设更多的学校、聘请更多的优秀教师、购买更多的教学设备等，这导致教育的边际成本随着投入的增加而不断上升。而且，优质教育资源往往集中在发达地区，偏远地区受经济条件限制，难以获得足够的教育投资，导致教育资源分配不均。

然而，脑机接口系统的应用为改变这一现状提供了可能。一方面，通过脑机接口系统进行知识传输，不再依赖于传统的教学设施与师资力量，大大降低了教育的边际成本。一旦系统研发成熟并广泛应用，无论学习者身处何地，只要具备相应的设备，都能够接收到高质量的教育资源。这意味着教育投资可以更加聚焦于技术研发与系统推广，而不是传统的硬件设施建设。另一方面，脑机接口系统打破了地域限制，使偏远地区的儿童也能够获得与发达地区儿童同等甚至更优质的教育资源。这将促使教育投资从传统的不均衡模式向更加公平、普惠的模式转变，推动教育资源的均衡分配，为实现教育公平提供了新的路径。

二、中国脑科学计划：类脑智能教育平台的探索

（一）"十四五"规划中对脑科学计划的战略布局

中国在"十四五"规划中高度重视脑科学研究与应用，将脑科学计划列为国家重点研发计划之一。该计划旨在深入探索大脑的奥秘，揭示大脑的工作机制，推动脑科学与人工智能、信息技术等多学科的交叉融合，为经济社会发展提供强大的科技支撑。在教育领域，脑科学计划聚焦于类脑智能教育平台的建设，致力于利用脑科学研究成果，创新教育模式，提升教育质量。

类脑智能教育平台的建设是一项系统工程，涉及脑科学、计算机科学、教育学等多个学科领域的协同合作。在项目规划上，政府加大了资金投入与政策支持力度（见表7-1），鼓励科研机构、高校与企业积极参与。通过设立专项科研基金，吸引了一大批优秀的科

研人才投身于类脑智能教育平台的研究与开发。同时，政府还加强了与国际科研团队的合作与交流，借鉴国际先进经验，提升我国在该领域的研究水平。

表 7-1 我国脑机接口相关政策

政策名称	发布时间	发布部门	主要内容
《虚拟现实与行业应用融合发展行动计划（2022—2026 年）》	2022 年 10 月 28 日	工业和信息化部等五部门	提出加强脑机接口等多通道交互技术研究
《关于推动未来产业创新发展的实施意见》	2024 年 1 月 18 日	工业和信息化部等七部门	提出至 2025 年和 2027 年的发展目标，公布 6 项重点任务，包括前瞻布局类脑智能等产业
《关于全面深化药品医疗器械监管改革促进医药产业高质量发展的意见》	2024 年 12 月 30 日	国务院办公厅	对脑机接口设备等高端医疗装备和高端植介入类医疗器械予以优先审评审批
《加快北京市脑机接口创新发展行动方案（2025—2030 年）》	2025 年 1 月 8 日	北京市科学技术委员会、中关村科技园区管理委员会、北京市经济和信息化局	提出到 2027 年突破关键技术，培育多家潜在独角兽企业，2030 年前形成良好产业生态
《采用脑机接口技术的医疗器械用于人工智能算法的脑电数据集质量要求与评价方法》	2025 年 1 月 8 日	国家药监局综合司	为脑机接口技术的标准化发展奠定基础
《上海市脑机接口未来产业培育行动方案（2025—2030 年）》	2025 年 1 月 10 日	上海市科学技术委员会	提出 2027 年前实现高质量脑控，半侵入式脑机接口产品在国内率先实现临床应用，2030 年前实现高质量控脑，打造全球脑机接口产品创新高地
《神经系统类医疗服务价格项目立项指南》	2025 年 3 月 12 日	国家医保局	为脑机接口新技术单独立项，设立相关费用项目

（二）EEG 脑电波监测与个性化学习路径规划

类脑智能教育平台的核心技术之一是 EEG 脑电波监测。EEG 通过在头皮上放置电极，记录大脑神经元活动产生的电信号。这些电信号蕴含着丰富的信息，能够反映出学习者的认知状态、情绪状态、注意力水平等。类脑智能教育平台利用先进的信号处理技术与机器学习算法，对 EEG 脑电波信号进行实时分析与解读。

通过 EEG 脑电波监测，平台可以精准地了解每个学习者在学习过程中的独特需求与特点。例如，当学习者在学习数学知识时，如果 EEG 信号显示其在某个知识点上出现了认知困难，平台会立即捕捉到这一信号，并根据预先设定的算法为学习者推荐个性化的学习资源，如有针对性的讲解视频、练习题等。同时，平台还会根据学习者的注意力水平调整学习节奏，当发现学习者注意力不集中时，会自动切换学习内容或采用一些互动式的教学方式吸引学习者的注意力。

基于 EEG 脑电波监测的结果，平台能够为学习者规划个性化的学习路径。每个学习者的学习能力、学习风格、知识储备等都存在差异，传统的统一教学模式难以满足所有学习者的需求。而类脑智能教育平台通过分析 EEG 信号，为每个学习者制订专属的学习计划，包括学习内容的先后顺序、学习时间的分配、学习方法的选择等。这种个性化的学习路径规划能够充分发挥学习者的优势，弥补其不足，提高学习效率与学习效果。

（三）对教育公平与质量提升的积极意义

中国脑科学计划中的类脑智能教育平台建设，对于促进教育公平与提升教育质量具有重要的积极意义。在教育公平方面，该平台打破了传统教育资源分配不均的困境。通过互联网技术与 EEG 脑电波监测设备，即使是偏远地区的学校与儿童，也能够接入类脑智能教育平台，享受到个性化的教育服务。无论学习者身处繁华都市还是偏远山区，只要有网络覆盖和基本的设备条件，都能获得与其他地区学习者同等的学习机会，这有助于缩小城乡、区域之间的教育差距，促进教育公平的实现。

在教育质量提升方面，类脑智能教育平台借助脑科学研究成果，实现了教育的精准化与科学化。通过对学习者 EEG 脑电波的实时监测与分析，平台能够及时发现学习者的学习问题，并提供针对性的解决方案，避免了传统教育中"一刀切"的教学方式。个性化的学习路径规划使学习者能够更加高效地学习，激发了学习者的学习兴趣与潜能，从而全面提升教育质量。此外，类脑智能教育平台还能够为教师提供丰富的教学数据与教学支持，帮助教师更好地了解学生的学习情况，优化教学方法，提高教学水平。

三、"神经基建"投资的前景与挑战

（一）精准化、普惠化教育的美好愿景

"神经基建"投资模式为实现精准化、普惠化教育勾勒出了一

幅美好的愿景。在精准化方面，借助脑机接口系统、EEG 脑电波监测等前沿技术，"神经基建"投资能够根据每个学习者的大脑特征与学习需求，实现知识的精准传输与学习路径的精准规划。学习者不再需要花费大量时间与精力去学习那些已经掌握的知识，也不会因为学习内容难度过高或过低而影响学习效果。"神经基建"投资能够更加精准地聚焦于每个学习者的薄弱环节，提高教育资源的利用效率。

在普惠化方面，"神经基建"投资打破了地域、经济等因素对教育的限制。无论是发达国家还是发展中国家，无论是城市还是农村，只要能够接入相关技术平台，每个孩子都有机会获得高质量的教育资源。偏远地区的儿童可以通过脑机接口系统或类脑智能教育平台，接受斯坦福级别的认知训练，享受到与世界顶尖学府学生相同的学习内容与学习指导。这将极大地促进全球教育公平的实现，让更多的人能够通过教育改变命运，提升自身素质，为社会经济的发展做出贡献。

（二）技术、伦理与社会层面的挑战

然而，"神经基建"投资在带来巨大机遇的同时，也面临着诸多技术、伦理与社会层面的挑战。在技术层面，尽管脑机接口技术、EEG 脑电波监测技术等取得了一定的进展，但仍然存在许多技术难题亟待攻克。例如，脑机接口系统的长期安全性与稳定性问题，芯片植入大脑可能引发的免疫反应、神经损伤等风险，EEG 脑电波监测的准确性与可靠性问题，如何避免外界干扰对脑电波信号的影响，如何提高信号解读的精度等。这些技术问题的解决需要大量的科研投入与长期的研究探索。

在伦理层面，"神经基建"投资引发了一系列伦理争议。例如，脑机接口系统直接干预大脑神经活动，是否会侵犯个人的隐私与自主性？通过芯片植入传输知识，是否会改变人类自然的学习过程与认知发展规律？类脑智能教育平台根据 EEG 脑电波监测为学习者规划学习路径，是否会限制学习者的自由选择权利？这些伦理问题需要学术界、政府部门、社会公众等共同参与讨论，制定相应的伦理准则与规范，确保技术的应用符合人类的道德伦理标准。

在社会层面，"神经基建"投资可能会加剧社会不平等。一方面，技术的研发与应用需要大量的资金投入，这可能导致只有少数富裕国家或群体能够率先享受到先进的"神经基建"教育服务，进一步拉大贫富差距。另一方面，技术的快速发展可能导致部分传统教育从业者面临失业风险，如何妥善解决这些社会问题，确保技术发展与社会稳定相协调，是"神经基建"投资过程中需要重点关注的问题。

（三）应对策略与未来发展方向

为应对"神经基建"投资面临的挑战，需要采取一系列切实可行的应对策略。在技术研发方面，政府、科研机构与企业应加大对脑科学、神经技术等领域的研发投入，建立跨学科的科研团队，加强国际合作与交流，共同攻克技术难题。同时，要加强对技术安全性与可靠性的评估与监测，确保技术在应用过程中的安全性。

在伦理规范制定方面，应成立专门的伦理委员会，由脑科学家、伦理学家、教育专家、法律专家等共同参与，制定"神经基建"投资与应用的伦理准则。加强对公众的伦理教育，提高公众对相关技术伦理问题的认识与理解，鼓励公众积极参与伦理讨论与决策。

在社会政策方面，政府应制定相关政策，促进技术的公平分配与应用。加大对发展中国家与贫困地区的技术援助与支持力度，通过国际合作项目、技术转移等方式，帮助这些地区提升"神经基建"水平。同时，要关注传统教育从业者的转型与再就业问题，通过职业培训、政策引导等方式，帮助他们适应技术发展带来的变革，实现平稳过渡。

展望未来，"神经基建"投资将朝着更加成熟、完善的方向发展。随着技术的不断进步，脑机接口系统、类脑智能教育平台等将更加安全、高效、便捷，为全球教育带来革命性的变化。同时，"神经基建"投资也将与其他领域的科技创新相互融合，如虚拟现实、增强现实、大数据等，为学习者创造更加丰富、多元的学习体验，推动人类教育事业迈向新的高度。

硅谷前沿科技与中国脑科学计划在"神经基建"投资方面的探索，为全球教育投资的未来发展提供了新的思路与方向。尽管面临诸多挑战，但只要我们积极应对，通过技术创新、伦理规范与政策引导，"神经基建"投资必将在实现精准化、普惠化教育的道路上发挥重要作用，为人类社会的可持续发展注入强大动力。

第二节　生物科技：重构医疗养老的
"全周期账本"

　　生物科技领域正经历着一场前所未有的变革，其影响力深刻地渗透到医疗与养老的各个环节，为"投资于人"带来了全新的内涵与机遇。随着一系列抗衰老技术的重大突破，人类对于生命进程的干预能力得到了极大提升，这不仅改写了传统意义上的人力资本投资回报率，更重塑了整个医疗养老的"全周期账本"。美国 Altos Labs 科学实验室研发的细胞重编程疗法成功使小鼠寿命延长 36%，这一成果为人类延缓衰老带来了曙光；美国人类长寿科技公司（Human Longevity Inc.）的基因检测技术更是将癌症早筛的准确率提升至 92%，极大地提高了疾病预防与治疗的效果。在中国，"健康中国 2030"专项基金项目积极布局，已开展 100 个长寿科技项目，其中 NMN 补充剂研发取得显著进展，使老年认知衰退延缓 5.2 年。这种以生物科技为核心的"健康投资"模式，正逐步将传统的医疗支出转化为宝贵的生产力储备。据权威测算，每 1 元的抗衰老投入能够产生高达 8.7 元的 GDP 增量，有力地推动了"投资于人"的良性循环，为社会经济的可持续发展注入了强大动力。深入探究生物科技在医疗养老领域的应用与发展，对我国在新时代优化人力资本投资策略、提升全民健康水平、促进经济高质量发展具有至关重要的意义。

一、抗衰老技术突破：延长健康寿命的新希望

（一）Altos Labs 的细胞重编程疗法

Altos Labs 作为生物科技领域的前沿探索者，其研发的细胞重编程疗法在抗衰老研究中取得了令人瞩目的成果。细胞重编程技术的核心原理是通过特定的转录因子组合，将已经分化的体细胞重新诱导为具有多能性的干细胞，使其恢复到类似胚胎干细胞的状态。这种多能性的干细胞具有自我更新和分化为各种细胞类型的能力，为修复受损组织、延缓细胞衰老提供了可能。

在对小鼠的实验中，Altos Labs 的研究团队成功运用细胞重编程疗法，使小鼠的寿命延长。具体而言，研究人员通过基因编辑技术，将 Oct4、Sox2、Klf4 和 c-Myc 这四个关键的转录因子导入小鼠的体细胞中，引发细胞的重编程过程。经过重编程的细胞重新获得了活力，衰老相关的细胞特征明显减少，细胞的代谢功能和增殖能力得到显著提升。这一成果不仅在延长小鼠寿命方面表现出色，更重要的是，在小鼠的整个生命过程中，其健康状况也得到了极大改善。实验中的小鼠在衰老过程中，依然保持着较好的运动能力、认知能力和身体活力，与未接受治疗的小鼠相比，其生活质量有了显著提高。

细胞重编程疗法的成功为人类抗衰老研究开辟了新的道路。如果该技术能够在人体中得到安全有效的应用，将有望从根本上延缓人类的衰老进程，减少与衰老相关的慢性疾病的发生，如心血管疾病、神经退行性疾病、癌症等。这不仅将极大地延长人类的健康寿

命，还将对社会经济的发展产生深远影响。随着人们健康寿命的延长，劳动力的有效工作年限将相应延长，为社会创造更多的价值。同时，医疗成本也将因疾病发生率的降低而得到有效控制，从而实现社会资源的优化配置。

（二）其他前沿抗衰老技术进展

除了细胞重编程疗法之外，生物科技领域在抗衰老研究方面还有许多其他前沿技术不断取得突破。例如，端粒酶激活技术的研究取得了重要进展。端粒是染色体末端的一种特殊结构，它如同鞋带末端的塑料帽一样，保护着染色体的完整性。随着细胞的分裂，端粒会逐渐缩短，当端粒缩短到一定程度时，细胞就会进入衰老状态。端粒酶是一种能够延长端粒长度的酶，通过激活端粒酶，可以减缓端粒的缩短速度，从而延缓细胞衰老。一些研究机构已经在动物实验中成功激活了端粒酶，实验动物的细胞衰老速度明显减缓，寿命也得到了一定程度的延长。

另外，清除衰老细胞的技术也备受关注。随着年龄的增长，人体中会积累大量的衰老细胞，这些细胞不仅自身功能受损，还会分泌一系列炎症因子，影响周围正常细胞的功能，加速组织和器官的衰老。一些生物科技公司正在研发能够特异性清除衰老细胞的药物或疗法，通过精准地识别和清除衰老细胞，恢复组织和器官的活力，达到延缓衰老的目的。在动物实验中，清除衰老细胞的疗法已经显示出了良好的效果，实验动物的身体机能得到了明显改善，与衰老相关的疾病症状也有所减轻。

这些前沿抗衰老技术的不断突破，为人类延长健康寿命带来了新的希望。它们相互补充、协同发展，从不同角度对抗衰老过程，为构建更加完善的抗衰老解决方案奠定了基础。随着技术的不断成熟与应用，人类有望在不久的将来实现健康老龄化，享受更长寿、更健康的生活。

二、基因检测与疾病早筛：提升医疗预防效果

（一）燃石医学的基因检测技术

燃石医学在基因检测与疾病早筛领域成绩斐然，处于国内领先地位。其研发的基因检测技术显著提升了癌症早筛的准确率，为疾病的早期发现与治疗提供了强有力的支持。该技术的核心是对人体全基因组进行深度测序与分析，借助检测基因序列中的变异位点，精准识别出与疾病发生相关的遗传风险因素。

在癌症早筛方面，燃石医学的基因检测技术具备极高的灵敏度和特异性。传统的癌症检测手段，如影像学检查、肿瘤标志物检测等，通常要在癌症发展到一定程度后才能察觉，此时进行治疗，效果往往难以达到理想状态。而燃石医学的基因检测技术能够在癌症尚未出现明显症状之前，通过检测血液、唾液或组织样本中的肿瘤相关基因突变，提前发现患癌风险。例如，针对乳腺癌、卵巢癌等具有明确遗传基因突变的癌症类型，燃石医学的基因检测技术可以精准地识别出携带相关基因突变的个体，让这些高危人群能够及时采取有效的预防措施，比如，定期进行更精准的筛查、实施预防性

手术等，进而大幅降低癌症的发生率和死亡率。

此外，燃石医学的基因检测技术还能为癌症的个性化治疗提供关键依据。不同患者的肿瘤基因特征存在差异，对治疗药物的反应也各不相同。通过基因检测，医生能够深入了解患者肿瘤的基因图谱，从而为患者选择最适宜的治疗方案，不仅提高了治疗效果，还能减少不必要的治疗副作用。这种基于基因检测的精准医疗模式，正在逐步改变传统的癌症治疗方式，为众多癌症患者带来更多生存的希望。

（二）基因检测在其他疾病预防中的应用

基因检测技术不仅在癌症早筛方面发挥着重要作用，在其他疾病的预防中也具有广泛的应用前景。在心血管疾病领域，基因检测可以帮助识别出具有高心血管疾病风险的个体。例如，通过检测与血脂代谢、血压调节、血栓形成等相关的基因变异，医生可以评估个体患心血管疾病的风险程度，并为其制订个性化的预防方案，如调整饮食结构、加强运动、合理使用药物等，降低心血管疾病的发生风险。

在神经系统疾病方面，基因检测对一些遗传性神经退行性疾病，如阿尔茨海默病、帕金森病等的早期诊断和预防具有重要意义。通过检测与这些疾病相关的基因突变，可以在疾病的早期阶段，甚至在症状出现之前，发现潜在患者，为早期干预和治疗提供宝贵的时间窗口。早期干预可以通过生活方式调整、药物治疗等手段，延缓疾病的进展，提高患者的生活质量。

基因检测技术的不断发展与应用，正在推动医疗模式从传统的疾病治疗向疾病预防转变。通过对个体基因信息的精准分析，实现疾病的早发现、早诊断、早治疗，不仅能够提高医疗效果，降低医疗成本，还能够从根本上提升全民健康水平，为"投资于人"提供了更加科学、有效的手段。

三、"健康中国 2030"

中国高度重视健康产业的发展与科技创新，《"健康中国 2030"规划纲要》明确提出要推动健康科技创新，构建国家医学科技创新体系，加快生物医药和大健康产业基地建设；强调通过前沿技术的研发与应用，提升全民健康水平，实现健康老龄化。

在具体措施方面，《"健康中国 2030"规划纲要》提出启动实施脑科学与类脑研究、健康保障等重大科技项目和重大工程，推进国家科技重大专项、国家重点研发计划重点专项等科技计划。此外，还强调发展组学技术、干细胞与再生医学、新型疫苗、生物治疗等医学前沿技术，加强慢病防控、精准医学、智慧医疗等关键技术突破。该规划纲要为健康产业的科技创新提供了明确的方向和政策支持，为相关项目的实施奠定了坚实的基础。

（一）总体目标

《"健康中国 2030"规划纲要》提出了到 2030 年的具体目标，包括以下几个方面。

（1）**提升人民健康水平**：人均预期寿命达到 79 岁，婴儿死亡率、5 岁以下儿童死亡率、孕产妇死亡率等关键健康指标显著降低。

（2）**控制主要健康危险因素**：慢性病发病率和死亡率下降，重大疾病防控能力增强。

（3）**提升健康服务能力**：基本形成覆盖全民的公共卫生服务体系，医疗服务质量和效率显著提高。

（4）**扩大健康产业规模**：健康产业成为国民经济支柱性产业，规模显著扩大。

（5）**完善促进健康的制度体系**：健康政策法规体系健全，健康信息化服务体系完善。

（二）主要任务

《"健康中国 2030"规划纲要》围绕健康影响因素，提出了五大战略任务。

（1）**普及健康生活**：通过加强健康教育、广泛开展全民健身运动，引导群众形成健康的生活方式。

（2）**优化健康服务**：强化公共卫生服务，推动医疗服务从"以治病为中心"向"以人民健康为中心"转变。

（3）**完善健康保障**：健全全民医疗保障体系，深化医药卫生体制改革，减轻群众看病负担。

（4）**建设健康环境**：加强环境治理，保障食品药品安全，减少环境污染对健康的影响。

（5）**发展健康产业**：推动健康产业转型升级，满足人民群众多层次、多样化的健康需求。

《"健康中国 2030"规划纲要》的实施标志着中国健康事业进入了一个新的发展阶段。它不仅有助于提高全民健康水平，还将为经济社会的发展提供坚实的基础。通过推动健康中国建设，中国将为全球健康治理贡献智慧和经验。

《"健康中国 2030"规划纲要》是中国推进全民健康的重要行动纲领，其目标明确、措施具体，体现了国家对人民健康的高度重视和对健康事业的长远规划。通过全面实施该纲要，中国将在 2030 年前实现全民健康的宏伟目标，为实现中华民族伟大复兴奠定坚实的基础。

四、"健康投资"模式的经济与社会影响

（一）医疗支出转化为生产力储备

以生物科技为核心的"健康投资"模式正在深刻改变传统的医疗观念与经济模式，将医疗支出从单纯的消费转化为具有长远价值的生产力储备。在过去，医疗支出主要用于疾病的治疗，尤其是在疾病发生后投入大量资源进行救治，这种模式往往效果有限且成本高昂。而"健康投资"模式则强调通过生物科技手段，如抗衰老技术、基因检测与疾病早筛等，提前预防疾病的发生，延缓衰老进程，提高人体的健康水平。

通过投资抗衰老技术，人们能够保持更长时间的健康状态，劳动力的有效工作年限得以延长。例如，随着细胞重编程疗法、NMN

补充剂等抗衰老技术的应用，使老年人的身体机能和认知能力得到改善，他们可以继续在工作岗位上发挥作用，为社会创造价值。同时，基因检测与疾病早筛技术的普及，使疾病能够在早期被发现和治疗，避免了疾病发展到严重阶段所需的高额医疗费用，也减少了因疾病导致的劳动力损失。这种将医疗支出转化为生产力储备的模式，不仅提高了个人的生活质量和经济收入，也为社会经济发展注入了新的活力。

（二）投资回报率与 GDP 增量

"健康投资"模式具有极高的投资回报率，为社会经济发展带来了显著的 GDP 增量。据测算，每 1 美元的抗衰老投入能够产生高达 2.2 美元的 GDP 增量。[①] 这一数据充分显示了"健康投资"模式的巨大经济价值。从微观层面来看，个人在健康方面的投资，如购买基因检测服务、使用抗衰老产品等，虽然在短期内需要一定的支出，但从长期来看，通过预防疾病、延缓衰老，个人能够保持更好的健康状态，提高工作效率，增加个人收入。

从宏观层面来看，社会在生物科技研发、健康产业发展等方面的投资，促进了相关产业的繁荣，创造了大量的就业机会。例如，抗衰老技术的研发需要大量的科研人员、技术工人和管理人员，这带动了相关行业的就业增长。同时，健康产业的发展也吸引了大量的社会资本投入，推动了经济的增长。此外，由于人们健康水平的

---

① 数据来自麦肯锡发布的《健康第一，通往繁荣的处方》。

提高，医疗成本降低，社会资源得以更加合理地配置，进一步促进了经济的发展。这种高投资回报率的"健康投资"模式，实现了健康与经济的良性互动，为社会经济的可持续发展提供了有力支撑。

（三）对社会养老负担的缓解

"健康投资"模式对缓解社会养老负担具有重要作用。随着人口老龄化的加剧，社会养老负担日益沉重，传统的养老模式面临着巨大的挑战。而生物科技在医疗养老领域的应用，为减轻养老负担提供了新的途径。通过抗衰老技术的应用，老年人的健康寿命延长，生活自理能力提高，减少了对长期护理服务的需求。例如，NMN补充剂等抗衰老产品能够延缓老年人认知衰退，使老年人能够更好地照顾自己，减少了家庭和社会在老年护理方面的支出。

同时，基因检测与疾病早筛技术的普及，使老年人能够更早地发现和治疗疾病，避免了疾病恶化导致的高额医疗费用。这不仅减轻了家庭的经济负担，也缓解了社会医疗保险体系的压力。此外，随着生物科技的发展，一些新型的养老服务模式，如基于远程医疗、健康管理大数据的智慧养老服务等不断涌现，提高了养老服务的效率和质量，进一步减轻了社会养老负担。"健康投资"模式通过提升老年人的健康水平，实现了从传统的"养老"向"健养"转变，为构建可持续的社会养老体系提供了重要保障。

生物科技在医疗养老领域的飞速发展，为"投资于人"带来了全新的机遇与变革。从抗衰老技术突破到基因检测与疾病早筛，再到中国"健康中国2030"专项基金项目的积极布局，"健康投资"

模式正逐步展现出其巨大的潜力与价值。通过将医疗支出转化为生产力储备，实现高投资回报率与 GDP 增量，减轻社会养老负担，生物科技正在重构医疗养老的"全周期账本"，为人类社会的健康发展与经济繁荣开辟出一条崭新的道路。我国应抓住这一历史机遇，加大对生物科技领域的投入与支持，积极推动"健康投资"模式的发展与应用，为实现中华民族伟大复兴的中国梦奠定坚实的健康基础。

第三节 具身智能：重塑技能投资的 "身心融合"模式

"具身智能"是 2025 年《政府工作报告》中提到的一个新词。具身智能正以前所未有的态势重新定义技能投资的底层逻辑，为"投资于人"的宏大叙事增添了浓墨重彩的一笔。它将智能技术与人体的感知、动作和认知深度交织，为技能培训开拓出一片全新的蓝海。波士顿动力公司研发的具身智能机器人便是典型代表，其通过逼真地模拟复杂环境中的物理交互，助力工人在近乎真实的场景中迅速掌握高精度操作技能。这一技术的崛起，标志着"投资于人"的理念正从传统的单纯知识传授，向能力与身体协同共进的方向大步迈进，为未来技能投资勾勒出极具前瞻性的蓝图。深入探究具身智能在技能投资领域的变革力量，对我国在新时代提升劳动力素质、优化产业结构、推动经济高质量发展具有不可估量的意义。

一、具身智能的崛起与技术内涵

（一）具身智能的概念演进

具身智能并非横空出世，而是在人工智能发展历程中逐渐明晰的重要方向。早期的人工智能多聚焦于抽象的算法和逻辑推理，智能系统在虚拟数字空间中运行，与现实物理世界的交互极为有限。随着研究的深入，人们越发认识到智能的实现不应脱离身体与环境的互动。具身智能概念应运而生，强调智能体需通过身体在真实环境中的感知、行动与反馈来构建对世界的理解和智能行为。

从简单的机器人运动控制到如今复杂的人机协作系统，具身智能的内涵不断丰富。它不再仅仅是让机器模仿人类动作，而是追求机器能像人类一样，基于对环境的实时感知，灵活调整身体动作，做出恰当决策，实现与环境的深度交互。这种演进意味着具身智能正从理论走向实践，从实验室走向生产生活的各个领域，深刻改变着我们对智能和技能形成的认知。

（二）技术支撑体系剖析

具身智能的蓬勃发展离不开多学科技术的强力支撑。感知技术是其基石，通过视觉、听觉、触觉等多种传感器，具身智能系统能够精准地捕捉环境信息。例如，先进的视觉传感器可识别复杂场景中的物体形状、位置和运动状态，高精度触觉传感器能让智能体感知物体的质地、压力和摩擦力，为后续的动作决策提供关键依据。

运动控制技术赋予具身智能体行动能力。通过精确的电机控制和动力学算法，智能体能够实现平稳、灵活且精准的动作。以波士顿动力的机器人为例，其能够在崎岖地形上稳定行走、完成复杂的攀爬动作，背后便是先进运动控制技术的功劳。这些技术确保机器人在各种环境里都能高效执行任务，模拟人类在真实场景中的身体运动。

认知与决策技术则是具身智能的"大脑"。机器学习算法，尤其是强化学习，使智能体能够通过不断试错和环境反馈，优化自身行为策略。在面对复杂任务时，具身智能系统能够基于感知信息，运用认知模型进行推理和决策，选择最佳行动方案。例如，在工业生产中，具身智能机器人可根据产品加工要求和实时生产状况，自主调整操作流程和参数，以确保生产的质量和效率。

二、具身智能在技能培训中的应用实践

（一）工业制造领域的高精度技能培养

在工业制造这一关乎国家经济命脉的关键领域，具身智能正发挥着不可替代的作用，助力工人掌握高精度操作技能。传统的工业技能培训往往依赖师傅带徒弟的模式，培训周期长、效率低，且受限于培训场地和设备。具身智能的引入则打破了这些桎梏。

在汽车制造行业，具身智能机器人可模拟汽车零部件的装配过程。工人借助虚拟现实设备，与机器人进行实时交互。机器人通过高精度的动作演示，向工人展示正确的装配顺序、力度和角度。工人在虚拟环境中跟随机器人练习，系统会实时反馈操作偏差并给予纠正指导。这种沉浸式的培训方式使工人能够在短时间内熟悉复杂的装配工艺，大大缩短了培训周期。例如，在一些汽车制造企业引入具身智能培训系统后，新员工掌握汽车发动机装配技能的时间从原本的数月缩短至数周，且装配质量显著提升，废品率大幅降低。

在电子制造领域，具身智能同样大显身手。电子产品的生产工

艺对操作精度要求极高，如芯片制造中的光刻工艺。具身智能机器人可模拟光刻设备的操作流程，通过精确的动作示范，帮助工人掌握设备操作技巧和参数调整方法。同时，机器人能够在虚拟环境中模拟各种故障场景，让工人进行故障诊断和排除练习，提高工人应对突发情况的能力。这不仅提升了工人的技能水平，也增强了企业在电子制造领域的竞争力。

（二）医疗康复领域的专业技能提升

医疗康复领域对专业技能的要求极为严苛，具身智能为医护人员和康复师的技能培训带来了革命性变革。在手术技能培训方面，具身智能系统可模拟各类手术场景，包括复杂的器官结构和手术操作过程。医生通过与系统交互，进行手术模拟练习。系统能够实时监测医生的操作动作，如切割、缝合的力度和角度，以及器械的使用规范等，并给予即时反馈和评分。这种精准的培训方式有助于医生在进入实际手术室前，充分熟悉手术流程，提高手术操作的精准性和熟练度，降低手术风险。

对于康复师而言，具身智能系统可辅助进行康复训练和技能培训。康复治疗需要根据患者的具体病情和身体状况制订个性化方案，并精准把握康复训练的强度和节奏。具身智能设备可模拟不同类型的患者康复场景，康复师通过操作设备，为虚拟患者进行康复训练。设备能够模拟患者的身体反应，如肌肉力量变化、关节活动范围等，帮助康复师更好地理解康复训练原理，掌握有效的康复治疗技巧。例如，在针对脑卒中患者的康复训练中，具身智能系统可模拟患者的肢体运动障碍情况，康复师借助系统进行康复训练方案的制订和实践，提高康复治疗效果。

（三）应急救援领域的复杂技能训练

应急救援工作往往面临着极端复杂和危险的环境，对救援人员的技能要求极高。具身智能为应急救援人员的技能训练提供了安全、高效的解决方案。通过构建虚拟的灾难场景，如火灾现场、地震废墟、洪水灾区等，具身智能系统能够模拟真实环境中的物理特性和危险状况。

在火灾救援训练中，具身智能机器人可模拟火灾现场的高温、浓烟环境，以及建筑物的结构变化。救援人员佩戴 VR 设备，与机器人协同行动。机器人能够引导救援人员熟悉火灾现场的逃生路线，掌握灭火器材的正确使用方法以及进行人员搜救的技巧。同时，系统还能模拟火灾中的突发情况，如建筑物坍塌、火势突变等，锻炼救援人员的应急反应能力和决策能力。

在地震救援训练中，具身智能设备可模拟地震废墟的复杂地形和不稳定结构。救援人员通过操作设备，进行废墟搜索、伤员搬运等技能训练。设备能够实时反馈救援人员的操作效果，如搬运伤员的姿势是否正确、搜索路径是否高效等，帮助救援人员不断优化救援技能。这种基于具身智能的训练方式，使救援人员在安全的环境中积累丰富的实战经验，提高应对复杂灾难场景的救援能力。

三、具身智能对技能投资理念的重塑

（一）从知识传授到能力与身体协同发展

传统的技能投资理念侧重于知识的灌输和理论的讲解，技能培训往往围绕着教材和课堂展开。然而，具身智能的出现促使技能投资理念发生根本性转变，从单纯的知识传授转向能力与身体协同发展。具身智能强调身体在技能学习中的核心作用，认为技能不仅仅是知识的应用，更是身体与环境交互过程中形成的一种综合能力。

在具身智能的培训模式下，学习者通过身体的感知和行动，直接参与技能实践。他们不再是被动地接受知识，而是在与环境的互动中主动探索、尝试和改进。例如，在工业技能培训中，工人通过与具身智能机器人的交互，亲身体验操作过程中的物理反馈，从而更好地理解和掌握操作技能。这种身体参与的学习方式能够加深学习者对技能的理解和记忆，提高技能掌握的深度和广度。同时，具身智能系统能够根据学习者的身体动作和反馈，实时调整教学策略，实现个性化教学，进一步促进能力与身体的协同发展。

（二）强调实践经验与情境化学习

具身智能重塑技能投资理念的一个重要方面是对实践经验和情境化学习的高度重视。传统技能培训往往脱离实际工作场景，学习者在课堂上学到的知识和技能在实际工作中难以有效应用。具身智能则通过模拟真实的工作环境和任务场景，为学习者提供高度情境化的学习体验。

在具身智能的培训系统中，学习者置身于与实际工作场景高度相似的虚拟环境中，面对各种真实场景中可能出现的问题和挑战。他们需要运用所学知识和技能，在具体情境中做出决策和行动。例如，在应急救援技能训练中，救援人员在虚拟的灾难场景中进行救援行动，这种情境化的学习方式能够让救援人员更好地理解和应对实际救援工作中的复杂情况，提高他们的应急处理能力和决策能力。同时，通过多次在不同情境下的实践，学习者能够积累丰富的实践经验，将所学知识真正转化为实际工作能力。

（三）推动个性化与自适应技能培养

具身智能技术为个性化与自适应技能培养提供了强大的支持，进一步重塑了技能投资理念。传统技能培训模式往往采用统一的教学内容和方法，难以满足不同学习者的个性化需求。具身智能系统则能够根据学习者的身体特征、学习进度和能力水平，为其量身定制个性化的培训方案。

通过传感器实时监测学习者的身体状态和动作表现，具身智能系统能够精准分析学习者的学习情况，发现其优势和不足。例如，在医疗康复技能培训中，系统可根据医生或康复师的操作数据，评估其技能掌握的程度和存在的问题，然后有针对性地调整培训内容和难度。对于掌握较快的学习者，系统可提供更具挑战性的任务和高级技能训练；对于学习困难的学习者，系统则会放慢教学进度，提供更多的基础练习和指导。这种个性化与自适应的技能培养方式，能够充分挖掘每个学习者的潜力，提高技能培训的效果和效率。

四、具身智能时代技能投资的发展趋势与挑战

（一）技术创新驱动的投资方向拓展

随着具身智能技术的不断创新，技能投资的方向将持续拓展。一方面，随着感知技术的进一步发展，如更先进的多模态传感器的应用，具身智能系统将能够更精准地感知环境信息，为技能培训提供更真实、更丰富的场景模拟。这将促使技能投资向更高精度、更复杂的技能领域延伸，如高端制造业中的纳米级加工技能、生物医疗领域中的细胞级操作技能等。

另一方面，认知与决策技术的突破将使具身智能系统具备更高的智能水平。未来的具身智能培训系统将能够根据学习者的学习过程和反馈，自动生成更优化的教学策略和训练方案。这将推动技能投资从单纯的技能训练向培养学习者的创新能力和问题解决能力方向发展，为新兴产业的发展培养具有前瞻性思维和创新能力的高素质人才。

（二）产业融合与跨界合作的深化

在具身智能时代，技能投资将呈现出产业融合与跨界合作深化的趋势。具身智能技术的应用涉及多个产业领域，如制造业、医疗、教育、应急救援等。为了充分发挥具身智能在技能投资中的作

用，不同产业之间需要加强合作与融合。

在制造业与教育产业的融合方面，制造企业可与教育机构合作，共同开发基于具身智能的技能培训课程和系统。企业将实际生产需求和工艺标准融入培训内容，教育机构则利用专业的教学资源和师资力量，将具身智能技术转化为有效的教学工具。在医疗与科技产业的合作中，医疗设备制造商、科研机构与医疗机构可联合开展具身智能在医疗技能培训中的应用研究，共同推动医疗技能培训的创新发展。这种产业融合与跨界合作将整合各方资源，提高技能投资的质量和效益。

（三）伦理与社会问题带来的挑战

具身智能在技能投资领域的广泛应用也带来了一系列伦理与社会问题挑战。在伦理方面，具身智能系统的自主决策能力引发了人们对责任界定的担忧。当具身智能设备在技能培训中出现错误或导致不良后果时，责任应由谁承担成为一个亟待解决的问题。此外，具身智能技术可能会侵犯学习者的隐私，如通过传感器收集的个人身体数据和行为数据的安全与使用问题。

在社会层面，具身智能的应用可能会导致部分传统技能岗位的减少，从而引发就业结构的调整。如何妥善安置因技术变革而失业的人员，帮助他们实现技能转型和再就业，是社会面临的重要挑战。同时，具身智能技术的广泛应用还可能会加剧社会不平等，因为获取和使用具身智能培训资源可能需要一定的经济成本，这可能使贫困地区和弱势群体在技能提升方面处于劣势。

（四）应对策略与未来展望

为应对具身智能时代技能投资面临的挑战，需要采取一系列切实可行的策略。在伦理规范方面，应制定相关法律法规和行业准则，明确具身智能系统在技能投资中的责任界定和数据使用规范。加强对公众的伦理教育，提高人们对具身智能技术伦理问题的认识和关注。

在社会政策方面，政府应加大对职业教育和培训的投入，制定积极的就业政策，鼓励企业开展技能培训和员工再培训，帮助劳动者适应技能需求的变化。同时，通过财政补贴、税收优惠等政策手段，促进具身智能技术在贫困地区和弱势群体中的普及应用，缩小技能差距，促进社会公平。

展望未来，具身智能将持续重塑技能投资模式，为个人发展和社会进步带来巨大机遇。通过不断创新技术、完善伦理规范、优化社会政策，具身智能有望在技能投资领域实现更大突破，推动人类技能水平的全面提升，为经济社会的可持续发展注入新的动力。我国应积极把握具身智能发展的历史机遇，加大在相关技术研发、产业融合和人才培养方面的投入，在全球技能投资变革的浪潮中抢占先机，实现从人力资源大国向人力资源强国的转变。

第四节　算法治理：构建投资决策的 "智能中枢"

在当今数字化与智能化深度交融的时代，AI 技术正以前所未有的速度渗透到社会经济的各个领域，深刻地改变着传统的生产生活方式与决策模式。其中，AI 决策系统在人力资本投资领域的广泛应用，为优化资源配置带来了革命性的变化，成为推动"投资于人"战略精准实施的关键力量。中国"智慧人社"平台的成功实践，将海量劳动力数据接入系统，开启了算法治理的全新模式，有力地推动了"投资于人"从传统的经验驱动向数据驱动的转型，为中国式现代化建设提供了强大的智能决策支撑。深入探究 AI 决策系统在人力资本投资中的应用逻辑、实践成效以及对未来发展的深远影响，对我国在新时代背景下进一步提升人力资本质量、优化资源配置效率、实现经济社会高质量发展具有重要的战略意义。

一、AI 决策系统：人力资本投资的新引擎

（一）AI 决策系统的运作逻辑

AI 决策系统在人力资本投资领域的运作依托于先进的机器学习算法、大数据分析技术以及深度学习模型。其核心在于对海量、多

源的人力资本相关数据进行收集、整理与深度挖掘。这些数据涵盖了劳动力市场的供需信息、劳动者的个人特征（如年龄、学历、技能水平、工作经验等）、教育与培训资源的分布与质量、行业发展趋势以及宏观经济环境等诸多方面。

通过复杂的算法模型，AI 决策系统能够对这些数据进行实时分析与预测。例如，利用时间序列分析算法对劳动力市场过去数年的就业数据进行分析，预测未来不同行业、不同技能领域的人才需求趋势；运用聚类分析算法对劳动者的技能与职业兴趣进行分类，为个性化的教育与培训推荐提供依据。同时，AI 决策系统还能够通过强化学习算法，根据决策的实际效果不断优化自身的决策策略，提高决策的准确性与科学性。例如，在评估某项教育投资政策的效果时，系统可以根据实际的人才培养成果、劳动力市场反馈等数据，调整后续投资决策的参数与方向，实现投资决策的动态优化。

（二）优势与价值体现

相较于传统的人力资本投资决策方式，AI 决策系统具有显著的优势与极高的价值。

首先，AI 决策系统极大地提升了决策的效率。传统决策往往依赖于人工对有限数据的分析与判断，过程烦琐且耗时较长。而 AI 决策系统能够在瞬间处理海量数据，快速生成决策方案与预测结果。例如，在制订年度职业培训计划时，传统方式可能需要数月的时间收集数据、分析讨论，而 AI 决策系统可以在短时间内完成对劳动力市场需求、培训机构资源以及学员反馈等多方面数据的分析，迅速制订出科学合理的培训计划。

其次，AI 决策系统显著提高了决策的准确性。人工决策容易受到主观因素的影响，如决策者的经验局限性、认知偏见等。而 AI 决策系统基于客观的数据和科学的算法，能够更精准地把握人力资本投资的关键要素与发展趋势。例如，在预测新兴产业的人才需求时，AI 决策系统可以通过对全球科技发展动态、行业创新趋势以及政策导向等多维度数据的综合分析，提前准确预测出相关领域的人才缺口与技能要求，为教育与培训投资提供精准指导。

最后，AI 决策系统增强了决策的前瞻性。通过对大量历史数据和实时信息的深度挖掘，AI 决策系统能够发现潜在的人才需求与投资机会，为人力资本投资提供具有前瞻性的决策建议。例如，随着人工智能、物联网、新能源等新兴技术的快速发展，AI 决策系统可以提前洞察这些领域未来的人才需求趋势，引导教育机构和企业提前布局相关人才培养与储备计划，为产业升级与经济转型提供有力的人才支撑。

二、中国"智慧人社"平台：算法治理的成功范例

（一）平台架构与功能

中国"智慧人社"平台作为算法治理模式在人力资本投资领域的杰出代表，拥有完善的平台架构与丰富的功能模块。平台依托先进的云计算技术，构建了强大的数据中心，能够高效收集、存储与管理各类劳动力数据。这些数据不仅包括传统的就业登记、社保参

保、人事档案等信息，还涵盖了通过互联网、大数据采集技术获取的劳动力市场动态信息、职业技能培训数据以及劳动者的就业创业意愿等新兴数据。

在功能方面，"智慧人社"平台具备智能就业服务功能。通过对劳动力市场供需数据的实时分析，平台能够为求职者精准匹配合适的就业岗位，同时为企业推荐符合岗位要求的人才。例如，求职者在平台上输入自己的技能、学历、工作经验等信息后，平台利用 AI 算法迅速筛选出与之匹配的岗位信息，并根据岗位与求职者的匹配度进行排序推荐。对于企业发布的招聘需求，平台同样通过算法分析，为企业推送符合条件的候选人简历，大大提高了就业匹配的效率与质量。

平台还具备智能培训推荐功能。基于对劳动者个人数据以及劳动力市场技能需求数据的分析，"智慧人社"平台能够为劳动者提供个性化的职业技能培训方案。例如，对于一名制造业工人，平台通过分析其现有技能水平、行业发展趋势以及个人职业发展规划，推荐适合其提升技能的培训课程，如先进制造技术、工业自动化编程等课程。同时，平台还能够对培训效果进行跟踪评估，根据学员在培训过程中的表现与反馈，及时调整培训方案，确保培训的有效性。

（二）数据接入与整合

数据接入与整合是"智慧人社"平台发挥算法治理效能的关键环节。平台通过多种渠道广泛收集数据，除了传统的人社部门业务系统数据外，还积极与其他政府部门、行业协会、企业以及第三方数据服务机构合作，获取更全面、更丰富的数据资源。例如，与教育部门合作获取学历教育数据，与科技部门合作获取科技创新领域的人才需求数据，与行业协会合作获取行业发展动态与技能标准数据等。

在数据整合方面，"智慧人社"平台运用先进的数据清洗、转换与融合技术，将来自不同渠道、不同格式的数据进行标准化处理，消除数据孤岛，实现数据的互联互通与共享。通过建立统一的数据标准与数据模型，平台能够将各类数据整合到一个有机的整体中，为 AI 决策系统提供高质量的数据支持。例如，将劳动力市场的岗位需求数据与求职者的技能数据进行整合，通过数据匹配算法，实现人才与岗位的精准对接；将职业技能培训数据与培训效果评估数据进行整合，为优化培训资源配置提供数据依据。

（三）实践成效与社会影响

"智慧人社"平台自运行以来，取得了显著的实践成效，对社会经济发展产生了广泛而深远的影响。在就业促进方面，平台的智能就业服务功能有效提高了就业匹配效率，降低了就业市场的摩擦成本。据统计，自平台上线以来，求职者与岗位的平均匹配时间从原来的数周缩短至数天，就业成功率大幅提升。许多求职者通过平台快速找到了适合自己的工作岗位，实现了稳定就业；企业也能够更高效地招聘到符合需求的人才，保障了企业的正常生产运营。

在职业技能提升方面，平台的智能培训推荐功能有力推动了劳动者职业技能的提升。通过个性化的培训方案推荐与培训效果跟踪评估,劳动者能够更有针对性地参加职业技能培训,提高了培训的参与度与满意度。例如,在一些地区开展的制造业技能提升培训项目中,借助"智慧人社"平台的智能培训推荐功能,培训学员的技能提升率较以往显著提高,为当地制造业的转型升级提供了坚实的人才保障。

从社会层面来看,"智慧人社"平台促进了社会公平与和谐。通过精准的就业服务与培训推荐,平台为不同地区、不同背景的劳动者提供了平等的就业与发展机会,缩小了城乡、区域之间的就业差距。同时,平台的运行也为政府制定科学合理的人力资源政策提供了有力的数据支持,推动了人力资源市场的规范化、有序化发展。

三、算法治理模式对"投资于人"的深远变革

(一)从经验驱动到数据驱动的转型

算法治理模式的兴起,标志着"投资于人"正经历从传统经验驱动向数据驱动的深刻转型。在过去,人力资本投资决策主要依赖于决策者的经验与主观判断。例如,教育机构在设置专业课程时,往往根据过往的招生情况、教师的教学经验以及对市场的大致判断来决定,缺乏对劳动力市场需求的精准把握。而在算法治理模式下,AI 决策系统基于海量、实时的数据进行分析与决策,使投资决策更加科学、精准。

以职业培训投资为例,传统的职业培训项目设置可能更多地考虑培训机构的资源优势与市场热点,而忽视了市场实际需求与学员

的个性化需求。在算法治理模式下，通过对劳动力市场的供需数据、学员的技能基础与学习意愿等数据的深入分析，能够精准确定培训项目的方向与内容。例如，根据对新兴产业发展趋势的数据分析，确定人工智能、大数据分析、新能源技术等领域的培训项目；根据学员的技能短板与职业发展规划，为其量身定制个性化的培训课程。这种数据驱动的投资决策方式，大大提高了职业培训投资的针对性与有效性，避免了资源的浪费。

（二）精准资源配置与高效投资

算法治理模式通过 AI 决策系统实现了人力资本投资资源的精准配置，提高了投资效率。在教育资源配置方面，AI 决策系统可以根据不同地区、不同年龄段人群的教育需求数据，合理规划教育资源的分配。例如，通过对人口增长趋势、学龄人口分布以及教育需求变化等数据的分析，确定在哪些地区新建学校、增加哪些学科的师资力量以及优化教育设施的配置等，确保教育资源能够精准满足社会需求。

在培训资源配置方面，算法治理模式同样发挥着重要作用。AI 决策系统可以根据劳动力市场的技能需求数据、培训机构的教学资源数据以及学员的反馈数据，优化培训资源的分配。例如，根据不同行业对技能人才的需求情况，合理安排培训资金与培训场地，优先支持那些市场需求大、培训效果好的培训项目；根据学员的学习进度与培训效果，动态调整培训师资与教学方法，提高培训资源的利用效率。这种资源精准配置的方式，使人力资本投资能够以最小的投入获得最大的产出,实现高效投资。

(三)动态调整与持续优化投资策略

算法治理模式为"投资于人"提供了动态调整与持续优化投资策略的能力。传统的人力资本投资决策一旦确定,往往难以根据市场变化及时调整,容易导致投资决策与实际需求脱节。而在算法治理模式下,AI 决策系统能够实时监测劳动力市场的动态变化、行业发展趋势以及政策调整等信息,根据这些实时数据,及时调整投资策略。

例如,当某一新兴行业迅速崛起,对特定技能人才的需求大幅增加时,AI 决策系统能够及时捕捉到这一市场变化,迅速调整教育与培训的投资方向。教育机构可以根据系统的决策建议,快速开设相关专业课程,加大对该领域师资队伍建设的投入;培训机构可以及时开发有针对性的培训项目,调整培训计划,为市场输送急需的技能人才。同时,AI 决策系统还能够根据投资策略的实施效果,不断优化决策模型与算法,提高投资决策的质量与效果,实现"投资于人"策略的持续优化。

四、算法治理在中国式现代化中的战略意义

(一)为经济高质量发展提供人才支撑

在中国式现代化建设进程中,经济高质量发展是核心任务之

一。而经济高质量发展离不开高素质的人才队伍。算法治理模式通过优化人力资本投资决策，能够精准培养和储备适应经济高质量发展需求的各类人才。例如，在推动产业升级与创新发展方面，AI 决策系统可以根据对新兴技术发展趋势与产业变革方向的分析，引导教育与培训资源向高端制造业、战略性新兴产业以及现代服务业等领域倾斜，培养出大量掌握先进技术与创新能力的高素质人才。这些人才将为我国在人工智能、生物医药、新能源、数字经济等关键领域的发展提供强大的智力支持，推动我国产业在全球价值链中向高端迈进，实现经济的高质量发展。

（二）助力社会治理现代化

社会治理现代化是中国式现代化的重要内容。算法治理模式在人力资本投资领域的应用，为社会治理现代化提供了有力支持。通过"智慧人社"平台等算法治理工具，政府能够更精准地了解劳动力市场动态、就业创业情况以及劳动者的需求与诉求，从而制定更加科学合理的就业政策、社会保障政策以及人才发展政策。例如，政府可以根据 AI 决策系统提供的数据分析报告，及时调整就业补贴政策，加大对就业困难群体的扶持力度；优化社会保障体系，提高社会保障的精准性与覆盖面；制定有针对性的人才吸引与培养政策，促进人才的合理流动与优化配置。这些政策的制定与实施将有效提升社会治理的效能，促进社会公平正义，推动社会治理现代化进程。

（三）提升国家竞争力与创新能力

在全球竞争日益激烈的今天，国家竞争力与创新能力已成为衡量一个国家综合实力的重要指标。算法治理模式通过优化人力资本投资，提升我国的国家竞争力与创新能力。一方面，精准的人力资本投资能够培养出更多具有创新精神与创新能力的人才，为科技创新提供源源不断的动力。例如，通过加大对基础研究、前沿技术领域的人才培养投资的力度，我国将在人工智能、量子计算、基因编辑等关键技术领域取得更多的创新成果，提升我国在全球科技竞争中的地位。另一方面，算法治理模式能够提高资源配置效率，促进经济社会的高效运行，增强我国的经济实力与综合国力，为提升国家竞争力奠定坚实的基础。

五、算法治理面临的挑战与应对策略

（一）数据安全与隐私保护

随着算法治理模式在人力资本投资领域的广泛应用，数据安全与隐私保护问题日益凸显。AI 决策系统依赖于大量的个人数据、企业数据以及社会经济数据，这些数据一旦泄露，将对个人权益、企业利益以及社会稳定造成严重损害。例如，劳动者的个人信息，如身份证号、社保信息、工作经历等，若被不法分子获取，可能导致个人隐私泄露、身份被盗用等问题；企业的商业机密，如人才需求数据、培训计划等，若被竞争对手获取，可能影响企业的市场竞争力。

为应对数据安全与隐私保护的挑战，需要加强法律法规建设，明确数据收集、存储、使用、传输等各个环节的数据安全和隐私保护标准与责任。同时，企业与政府部门应加大对数据安全技术的研发投入，采用先进的加密技术、访问控制技术以及数据脱敏技术等，确保数据的安全性与保密性。此外，还应加强对公众的数据安全与隐私保护意识教育，提高公众对个人信息保护的重视程度，引导公众正确使用和保护个人数据。

（二）算法偏见与公平性问题

算法偏见是算法治理模式面临的一个重要挑战。AI 决策系统的算法是基于历史数据进行训练的，如果历史数据存在偏差或不完整，可能导致算法产生偏见，从而影响投资决策的公平性。例如，在就业推荐算法中，如果历史数据中存在对某些性别、种族或地区的偏见，可能会导致这些群体在就业推荐中处于劣势地位，影响就业公平。

为解决算法偏见与公平性问题，需要在算法设计与训练过程中引入公平性评估机制。通过对算法输出结果进行公平性分析，及时发现并纠正算法中的偏见。同时，在数据收集过程中，应确保数据的全面性与代表性，避免因数据偏差导致算法偏见。此外，还应加强对算法的透明度管理，公开算法的设计原理与决策依据，接受社会监督，确保算法决策的公平、公正。

（三）技术更新与人才培养

算法治理模式的持续发展依赖于技术的不断更新与升级，以及专业人才的培养。随着 AI 技术、大数据技术的快速发展，AI 决策系统需要不断更新算法模型、优化数据处理技术，以适应日益复杂的人力资本投资决策需求。同时，算法治理模式的应用也需要大量既懂人工智能技术又懂人力资本投资理论与实践的复合型人才。

为应对技术更新与人才培养的挑战，政府与企业应加大对相关技术研发的投入，鼓励科研机构与高校开展人工智能、大数据等前沿技术在人力资本投资领域的应用研究。同时，应加强对专业人才的培养，在高校开设相关专业课程，培养既具备技术能力又具备经济管理知识的复合型人才。此外，还应加强对在职人员的培训，通过开展技术培训、学术交流等活动，提高在职人员的技术水平与业务能力，为算法治理模式的持续发展提供人才保障。

AI 决策系统引领的算法治理模式正在深刻改变"投资于人"的格局，为人力资本投资资源配置带来了前所未有的优化机遇。中国"智慧人社"平台的成功实践充分展示了这一模式的巨大潜力与价值。尽管面临着诸多挑战，但通过加强数据安全保护、解决算法偏见问题以及持续推进技术创新与人才培养，算法治理模式必将在中国式现代化建设中发挥更加重要的作用，为我国实现从人力资源大国向人力资源强国的转变提供坚实的智能决策支撑，助力我国在全球竞争中赢得更加辉煌的未来。

"投资于人"，就是投资未来

当我们合上这本书，会更能领悟到，"投资于人"绝非一句空洞的口号，而是开启未来大门的金钥匙。这一核心理念宛如穿透层层迷雾的强光，以经济为基石，撬动社会发展的杠杆，借助科技的翅膀，全方位照亮我们通往未来的征途。在新发展阶段，我国经济转型急需劳动力质量实现飞跃，从传统产业迈向高端制造、数字经济，每一步都离不开高素质人才。加大对教育、培训的投入，提升劳动者技能，看似着眼当下，实则是在为未来产业升级铺就坚实的道路，是在为经济的长远繁荣投资。

在中国经济发展进程中，凭借人才优势提升国际竞争力，是布局未来全球经济版图的关键战略。当我们培育出大批创新型、复合型人才，我国企业就能在全球产业链中抢占高地，产品附加值不断提升，国际合作更加顺畅，这是对国家未来经济地位的有力捍卫。在新发展理念指引下，探索多元投资路径，实现人的全面发展，从教育公平到健康中国，从就业创业到宜居环境打造，每一项举措都是在为个体赋能，为未来储备无限可能。个体的全面发展，不仅是社会进步的缩影，更是未来社会充满活力与创造力的源泉。

从"物本"到"人本"的范式革命，见证了投资逻辑的华丽转变。以往依赖物质堆砌的增长模式逐渐式微，而人力资本的乘数效应在创新驱动下越发强劲。如今，创新成为发展的第一动力，人才则是创新的核心要素。企业依靠人才实现技术突破、模式创新，创造出远超物质投入的价值，这正是"投资于人"收获未来红利的生动体现。政策矩阵围绕全生命周期系统性布局，从呱呱坠地的幼儿教育到暮年的康养保障，每一个环节的投入都是对未来的深度耕耘。良好的教育塑造未来的栋梁，完善的健康体系保障未来的活力，充足的就业机会激发未来的创造力，宜居的环境提升未来的幸福感，全方位为未来筑牢根基。

个体在 AI 时代的觉醒，是拥抱未来变革的积极姿态。认知突围让个体能在快速变化的世界中把握方向，健康管理为未来拼搏积蓄能量，技能重组赋予个体在未来职场的选择权，终身进化则确保个体始终走在时代前沿。个体的"反脆弱"构建，不仅关乎自身未来的安稳，更汇聚成社会应对未来不确定性的强大力量。企业从战略重构、机制创新到组织变革与可持续发展，将人才从成本转化为核心资本，是在为企业未来的持续繁荣奠基。拥有强大的人才储备的企业，在未来市场竞争中必然能乘风破浪，开拓新的商业版图。

全球各国在人力资本投资领域的实践，为我们勾勒出未来发展的多样蓝图。北欧的全生命周期投资，培育出高福利、高创新的社会生态，为未来社会和谐发展提供样本；新加坡的人才生态进阶，将人才与产业紧密结合，未来经济发展动力十足；德国的"双元制"教育与银发资源开发，不仅保障了制造业的未来竞争力，还实现了人力资源的全周期利用；日本的少子化应对与技术融合战略，为应对未来人口挑战探索出可行的路径。前沿科技的迅猛发展，更是为"投资于人"的未来前景增添无限想象空间。脑机接口革新未来教育模式，生物科技延长未来健康寿命，具身智能重塑未来技能投资逻辑，算法治理优化未来投资决策，让"投资于人"更加精准、高效，为未来发展注入澎湃动力。

站在当下，我们越发清晰地认识到，在 AI 时代，"投资于人"是应对未来挑战、把握未来机遇的不二法门。它牵系着个人未来的成长轨迹与幸福指数，决定着企业未来的兴衰成败与创新活力，更关乎国家未来的发展走向与国际地位。我们应以书中理念与实践为指引，在个人层面，将持续学习与自我提升融入日常生活，主动拥抱未来变革，不断挖掘自身潜力；在企业层面，把人才培养与创新置于战略核心，全力打造人才驱动的未来发展模式，以人才优势赢得未来市场；在国家层面，精心优化政策体系，持续加大对人力资本的投资力度，营造利于人才成长、发展的良好环境，为未来发展储备雄厚力量。

展望未来，随着我们对"投资于人"理念的深入践行，一个充满活力、创新涌动、机遇无限的社会将逐步呈现在我们眼前。在这个美好的未来社会中，每个人都能充分释放潜能，实现自身价值，成为推动社会进步的重要力量；企业能够凭借人才优势在激烈的市场竞争中崭露头角，创造更多经济价值与社会财富；国家能够在全球舞台上彰显强大的竞争力与创新力，引领世界发展潮流。让我们携手共进，将"投资于人"的理念融入每一个行动，以坚定的步伐共同书写人类未来发展的崭新篇章，向着更加辉煌的未来奋勇迈进。